# 青少年篮球入门教程

## （全彩图解视频学习版）

NBA 姚明篮球俱乐部前技术总监 **高山** ｜ **编著**
**JUZPLAY® 运动表现训练** ｜

人民邮电出版社
北 京

**图书在版编目（CIP）数据**

青少年篮球入门教程：全彩图解视频学习版 / 高山，
JUZPLAY运动表现训练编著. -- 北京 ：人民邮电出版社，
2020.7
　ISBN 978-7-115-53661-7

　Ⅰ. ①青… Ⅱ. ①高… ②J… Ⅲ. ①青少年－篮球运
动－教材 Ⅳ. ①G841

中国版本图书馆CIP数据核字(2020)第045801号

**免责声明**

作者和出版商都已尽可能确保本书技术上的准确性以及合理性，并特别声明，不会承担由于使用本
出版物中的材料而遭受的任何损伤所直接或间接产生的与个人或团体相关的一切责任、损失或风险。

## 内 容 提 要

　　本书由具有丰富的青少年篮球执教经验的高山教练与专业的体能培训机构合力打造，通过分步
骤图解的方式，详细介绍了适合青少年球员学习的篮球运动基础技术及体能训练方面的知识，可以
为执教青少年球员的篮球教练和体育老师提供丰富的教学内容和参考经验。

　　本书从需要了解的球场术语、基本规则等篮球基础知识讲起，然后着重讲解了基本的身体控制、
球性训练、运球、传接球和投篮等技术的练习要点，并针对技术的强化提供了专门的练习项目，以
帮助青少年球员更好地掌握技能。此外，本书还提供了提高力量、速度、爆发力和灵敏性的体能训
练动作，致力于帮助青少年球员更全面地学习篮球运动，帮助教练和体育老师更系统地教学。

◆ 编　著　高　山　　JUZPLAY®运动表现训练
　　责任编辑　林振英
　　责任印制　周昇亮

◆ 人民邮电出版社出版发行　　北京市丰台区成寿寺路 11 号
　　邮编　100164　电子邮件　315@ptpress.com.cn
　　网址　https://www.ptpress.com.cn
　　固安县铭成印刷有限公司印刷

◆ 开本：700×1000　1/16
　　印张：10.25　　　　　　　2020 年 7 月第 1 版
　　字数：223 千字　　　　　2025 年 7 月河北第 27 次印刷

定价：55.00 元

读者服务热线：**(010)81055296**　印装质量热线：**(010)81055316**
反盗版热线：**(010)81055315**

# 前 言

　　篮球运动是一项风靡世界的球类项目。自 19 世纪末诞生以来，篮球运动以其独特的功能性、趣味性和观赏性等特点，迅速在世界范围内普及和发展。伴随着篮球文化和篮球经济的产生，篮球运动已经成为人们日常生活中一项重要的体育活动。随着各类篮球俱乐部的出现和各种篮球比赛的举办，参与篮球运动的人群也日益增长。篮球运动是一项名副其实的全民运动，尤其深受青少年的喜爱。

　　篮球运动要长期发展，培养人才是非常重要的一环，尤其是对青少年篮球人才的培养。同时，利用篮球运动培养青少年的运动素养和兴趣爱好，增强青少年身体素质和团队合作能力，以及帮助青少年树立正确的人生观和价值观，也是篮球运动的责任所在。因此，篮球运动的发展离不开青少年的参与，而青少年的生活也会因有篮球运动的存在而变得更加丰富多彩。

　　总体上来说，篮球运动依然处于蓬勃发展的阶段，参与和喜欢篮球运动的人数也在逐年增多，但与蓬勃发展的篮球运动相矛盾且不可忽视的一个问题是篮球运动的人才储备的增长趋势明显跟不上篮球运动发展的趋势。例如在队伍的建设上，青少年篮球队在数量上远远少于成年人篮球队；在教练的配置上，成年人球队的教练在整体能力水平上要高于青少年球队的教练。这就可能导致大部分青少年球员要从小打好篮球基础非常困难。同时，校园篮球运动对人才的培养也有较大的局限。一方面，学校缺乏专业的培养策略和资源。大部分学校没有专业的篮球教练，篮球训练缺乏系统性，整体上属于粗培养，从而导致学校很难输出高素质的篮球运动员。另一方面，学校担心青少年球员的安全。

篮球运动的高对抗性特征，使安全问题成为阻碍校园篮球运动发展的一大障碍。

值得欣慰的是，近年来，"小篮球"的兴起，使非常多的教练开始投身于对青少年球员的培养中来。但是如何高效且科学地执教青少年球员依旧是困扰很多教练，乃至俱乐部和学校的一大难题。

本书以基础技术培养和身体素质提升为重点，致力于为执教青少年球员的篮球教练和体育老师提供一套系统的篮球执教体系。本书第 2 章到第 6 章以基础技术的介绍为主，依次讲解了基本的身体控制、球性训练、运球、传接球和投篮的基础动作与练习要点，并针对技术强化提供了相应的练习项目，使读者在了解了相关技能后，还可以利用提供的练习项目，丰富训练内容，以此来巩固技术。另外，在本书的第 7 章，设计了与篮球相关的身体素质训练方面的内容，并且这部分内容由在提升青少年运动表现领域十分专业的培训机构 JUZPLAY® 运动表现训练提供，是非常值得关注的内容。

本书以注重基础技术的培养为要点，以图文搭配视频教学的创新形式为特色，旨在为喜欢篮球或者想提升篮球技能的读者，以及执教青少年球员的教练和体育老师提供一套系统的、科学的篮球训练体系。希望每一个篮球爱好者，都能够得到学习篮球的机会，并获得正确的指导，从而与篮球成为永远的朋友。

**扫描右方二维码添加企业微信。**

1. 首次添加企业微信，即刻领取免费电子资源。

2. 加入体育爱好者交流群。

3. 不定期获取更多图书、课程、讲座等知识服务产品信息，以及参与直播互动、在线答疑和与专业导师直接对话的机会。

# 目　录

## 第 5 章　传接球

## 第 6 章　投篮

## 第7章　身体素质训练

# 动作视频在线观看说明

本书提供部分训练动作的教学视频，您可通过微信"扫一扫"，扫描书中的二维码进行观看。

**步骤**1　打开微信"扫一扫"（图1）。

**步骤**2　扫描动作练习页面上的二维码。

**步骤**3　如果您尚未关注微信公众号"人邮体育"，扫描后会出现"人邮体育"的二维码。请根据说明关注"人邮体育"，并在关注后点击"资源详情"（图2），即可进入动作视频观看页面（图3）。如果您已关注微信公众号"人邮体育"，扫描后可直接进入动作视频观看页面。

图1　　　　　　　　　　图2　　　　　　　　　　图3

# 第1章
# 篮球运动基础

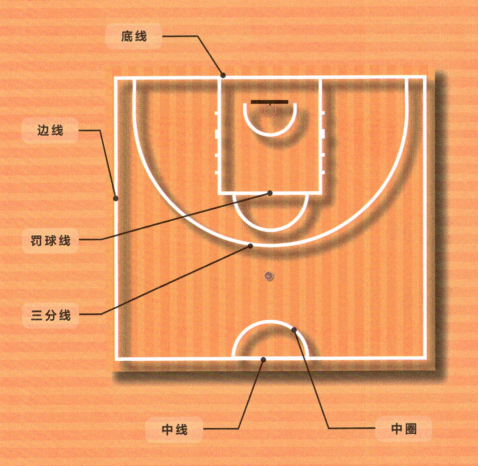

熟悉篮球运动中的器械，了解比赛解说中常见的术语，是培养篮球兴趣的第一步。
上图就是篮球半场场地上各类标识线的名称，对照解释，开始认识它们吧。

# 篮球

通常专业篮球分为男子用球、女子用球以及小朋友使用的小篮球。为了使更多的孩子加入篮球运动中，也对 12 岁及 12 岁以下的男孩和女孩专门制作了合适的篮球并设置了场地和比赛规则。

**男子用球**

7 号球
周长：75~76 厘米
重量：600~650 克

**女子用球**

6 号球
周长：70~71 厘米
重量：510~550 克

**小篮球**

9~12 岁
5 号球
周长：69~71 厘米
重量：470~500 克

8 岁及以下
4 号球
周长：62~66 厘米
重量：430~460 克

**篮球比赛（一般指成人比赛）** 比赛的形式有常规的五人制篮球比赛，也有街头三人制篮球比赛。以五人制篮球比赛为例，一般球队总共 15 人，上场大名单 12 人，场上比赛 5 人，余下 7 人为替补球员，比赛中，场上的 5 名球员可以被替换。

**小篮球比赛** 小篮球比赛是指 12 岁或 12 岁以下的儿童参加的篮球比赛，可以男女混编参加比赛。小篮球比赛的用球尺寸较小，篮筐篮板的高度也有所降低，从而使难度降低，进而使比赛更加适应儿童的身体特点。相对于成人比赛，小篮球比赛的规则也被最大程度进行了简化，以使儿童更易理解。

**小篮球赛制** 五人制小篮球比赛中，球员安排与成人相似，都是场上球员 5 人，场下替补球员 7 人。同时，还有 2 对 2，3 对 3，4 对 4 等不同的对阵方式，这些方式可以使儿童更好地融入篮球这项运动中。

**跳球** 在比赛开始、争球或其他情况时，裁判员站在中圈，在两队各一名球员的中间将球高高抛起，两队球员合理地用手拨球，力争获得球权。

# 2 篮球场

正规的篮球比赛及训练要在篮球场中进行，比较常见的地面材质有木质、塑胶和水泥等。场地（国际篮联标准）呈长方形，长 28 米，宽 15 米。在场地短边处设置篮球架。场地上的线条宽度为 5 厘米。

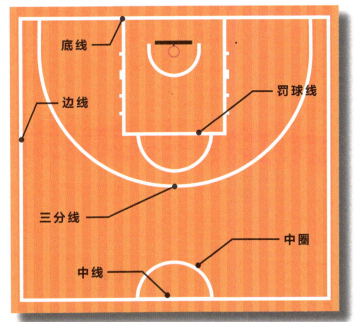

## 场地参数

**底线** 场地的短边，也叫端线，有两条。

**边线** 场地的长边，有两条。

**罚球线** 距离底线内侧 5.8 米，长 4.9 米。小篮球规则中，罚球线距离底线 4 米。

**三分线** 以篮筐环心在地面的投影为圆心，由以 6.75 米为半径画的圆弧与两条从底线引出的分别距边线 0.75 米远的、与边线平行的直线组成。小篮球规则中，无三分线（且也无区域划分）。

**中线** 场地中央平行于底线的线。

**中圈** 场地中央直径为 3.6 米的圆圈。

**篮板** 成人比赛用的篮板尺寸如右图所示，小篮球比赛用的篮板外边长 1.2 米，宽 0.9 米。篮板上所有的线条的宽度为 5 厘米。

**篮筐** 成人比赛用的篮筐直径 45 厘米，距离地面 3.05 米。小篮球比赛规则中，11~12 岁使用的篮筐距离地面的高度为 2.75 米，9~10 岁使用的篮筐距离地面的高度为 2.60 米，7~8 岁使用的篮筐距离地面的高度为 2.35 米。

3

## 场地名词（成人场地）

**3 秒区** 篮筐周围的区域，呈长方形，也叫限制区或油漆区。从进攻方球员控球时起，任意一名进攻球员在此区域内不能停留 3 秒以上。

**合理冲撞区** 以篮筐环心在地面投影为圆心，画出一个半径为 1.25 米的半圆，这个区域标为合理冲撞区。也叫无带球撞人区，任何突破至该区域的进攻球员，在合理的前提下，与该区域的防守球员发生身体接触，都不会被判罚进攻犯规。

**罚球区** 罚球线外的半圆区域，半圆半径为 1.8 米。罚球时，必须在罚球线外投篮。

**中圈** 半径为 1.8 米的圆圈区域，用于比赛开始时两队球员跳球，决定比赛进攻权。

**顶部** 正对篮筐的三分线以内，罚球线以外的弧顶区域周围。

**肘区** 油漆区在罚球线上的两个顶点区域。

**翼侧** 篮筐 45 度角方向，罚球线延长线与三分线之间的区域。

**底角** 底线、边线和三分线之间的区域（与篮板平面呈 0 度角的区域）。

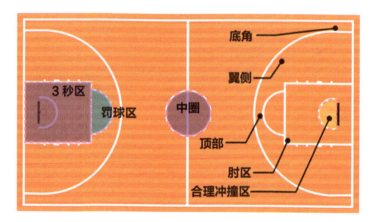

 **名词解读**

**1 号位** 控球后卫，球场上球队的进攻发起者，有很强的控球能力，能很好地阅读比赛。能够观察队友的位置，在合适的时间进行传球，面对巨大的防守压力也能带球过半场，基本功扎实。

**2 号位** 得分后卫，球场上的得分手，有较好的单打能力，兼具运球突破和长距离投篮的技术，同时也能够随比赛情况跑动寻找空位得分。

**3 号位** 小前锋，与 2 号位相似，得分同样是小前锋的主要任务。小前锋需要有非常全面的技术，既要有较强的冲击篮筐的进攻能力，也要有扎实的脚步，进行防守轮转的能力。

**4 号位** 大前锋，在球场上需要防守内线、抢篮板球，同时还要与中锋搭档配合，所以也有"第二中锋"的称呼。

**5 号位** 中锋，一般由球队中身高最高的球员担任，需要有强壮的身体，能够应对篮下单打和对抗，同时要有防守盖帽和抢篮板球的技术。

**篮板球** 投篮不中时，从篮筐或篮板上反弹出的篮球。出现篮板球的时候是双方球员争抢控球权的机会。

**罚球** 在罚球线后半圆圈内，无防守的情况下投篮，每进一球得 1 分。

**盖帽** 进攻方投篮时，防守方将空中的球（球未下落的情况下）打掉的动作。

**扣篮** 也叫灌篮，球员用双手或单手大力将球放进篮筐的动作。之后球员可能会有短暂的抓篮筐动作。

# 第 2 章
# 基本的身体控制

这一章讲解了篮球运动中一些动作的基本姿势。对于初学者来说，掌握这些基本的运动模式至关重要，其不仅可以为后面学习技术动作打下良好的基础，还可以降低运动中损伤发生的风险。

# 身体姿势

对于所有球员来说，基本篮球站位习惯十分重要，正确的姿势可以提高球员的平衡能力和速度。脚步动作和平衡性则是贯穿整个比赛的重要元素。

**动作要点**

**要点提示**

保持灵活
保持屈膝和屈肘姿势，所有关节应该处于待命状态并随时准备运动。

降低重心
篮球运动中很多时候需要球员尽量保持低重心，球员的身体重心越低，他们就跳得越高，向篮下突破时的爆发力也越大，在面对防守时就能获得更快的速度，从而才能更好地护球。

手指张开，掌心向前，做好随时接球的准备

双脚分开，略大于肩宽，保持身体稳定

侧视图

**脚部姿势**

平行姿势：双脚平行，脚尖略向外展。这个姿势适合球员横向移动。

双脚错开姿势：惯用脚在前，脚背与后脚的大脚趾处于同一条水平线上。这种姿势有利于球员向任何方向移动。

# 持球姿势

掌握基本的身体姿势后，再学习胸前持球姿势。这是持球后的基本动作，连续加强这种姿势的训练，能够慢慢培养球员正确的持球习惯。

**动作要点**

**要点提示**

平衡、稳定的身体

背部挺直，上半身稍微前倾，重心在两腿之间。头部位于膝关节正上方，不要前伸或后仰。屈膝，呈低重心姿势。

手指张开，掌心相对，持球于胸前

背部挺直，不要弓背

双脚分开且平行，脚尖略向外展

正视图

在保持基本身体姿势的基础上，双手持球放于胸前，双脚与头部形成一个稳定的三角形，头部处于中立位。

# 三威胁姿势

"三威胁"持球姿势是一项非常重要的持球动作。球场上，球员常用这个姿势作为投篮、运球或传球的启动姿势。

动作要点

## 要点提示

**护球为主**
将球置于身前腰部位置，用身体和辅助手保护篮球，以避免对手抢断，从而为后续得分提高成功率。

**速度与姿势**
球场上，速度十分重要。保持屈膝和屈肘的姿势，所有关节应该处于待命状态并随时准备运动。

惯用手持球，辅助手护球，将球放在身前，与腰部齐平

双脚分开，错开站立，脚尖略向外展。准备随时投篮、传球或快速突破

屈髋屈膝，降低身体的重心，使身体处于可随时发力的姿势下

侧视图

错误姿势

身体站立过直，双手持球位置过高，使球距离身体较远，容易被对手抢断。

# 防守姿势

防守的目的在于干扰对手的正常发挥。掌握基本的防守姿势，训练腿部力量并培养球员形成较强的观察力，可以更大程度地向对手施压，做出高质量的防守。

**动作要点**

**要点提示**

用全身来阻挡
手臂抬起，高手防止对手投篮，低手防止对手低位传球；同时加大双脚间的距离，目光紧随对手，对其形成全方位的压迫，增加对手的犯错概率。

屈髋屈膝，提高灵活性，从而可以自由应对对手的各种动作

加大双脚之间的距离，降低身体重心，保持身体的稳定

正视图

侧视图

斜视图

**动作变化**

当对手开始运球时，防守姿势也要进行相应的变化。双臂变为左右张开，防止对手从身体左右两侧传球或突破。身体正面迎向对手，双脚呈平行姿势，便于贴近对手，从而跟随对手进行防守。

9

**移动步伐**

防守时，脚步移动主要分为两种，一种是移动速度较慢的"侧滑步"，另一种是移动距离大且速度较快的"交叉步"，应根据实际情况选择这两种步伐。

## 侧滑步

**动作要点**

**要点提示**

**身体舒展**

双臂张开，上半身保持防守姿势。在移动过程中，切忌重心上下移动。双腿不要并拢，尽量用较快的步伐跟随对手，进行防守。

右脚蹬地发力，左脚平行向外跨步

蹬地发力

**转换视角**

保持低重心，准备向身体的右侧跨步。

左脚发力蹬地，同时右脚向外跨步。

快速将左脚移至靠近身体的位置，恢复防守姿势。

# 交叉步

**动作要点**

重心脚

两腿交叉
跨大步

双臂张开，上半身呈防守姿势。仔细观察对手，将对手的运球方向作为目标，将自己不跨步的一只脚作为身体的重心脚。另一只脚在跨步时身体仍然保持较低的重心。

**要点提示**

注意观察

在需要长距离跑动防守时，应选择交叉步，身体的重心要跟随对手的运球线路移动。所以，必要的观察、预判十分重要，做到提前防守，提高防守的成功率。

**转换视角**

将身体的重心放在移动方向的右脚上。

左脚交叉跨大步。

身体跟随对手运球线路移动，提前防守。

# 6 快速转身

快速转身，是指球员在无球或持球时以一只脚为轴快速转动身体的动作。作为基本的转换动作，快速转身是非常重要的。在持球时，快速转身能够让球员获得持球突破的空间；在无球时，快速转身能够让球员获得较好的篮下位置。

## 90 度前转

旋转脚　中轴脚

动作要点

呈三威胁姿势。

向前转动身体。左脚为中轴脚，右脚为旋转脚向前旋转。

完成90度前转，面向左侧。

## 180 度前转

旋转脚　中轴脚

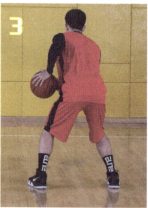

动作要点

180度前转(以左脚为中轴脚)虽然增加了转动的角度，但技术要领与90度前转一致。转动角度增加，中轴脚需要更稳定。在转动速度快的情况下，保持平衡也十分重要。180度前转需要具有较强的爆发力。

# 90 度后转

动
作
要
点

呈三威胁姿势。

向后转动身体。左脚为中轴脚，右脚为旋转脚，向后旋转。

完成 90 度后转，面向右侧。

# 180 度后转

动
作
要
点

180 度后转（以右脚为中轴脚）对身体的平衡、稳定要求较高，角度较大的后转要多加练习。后转时，为了提高转动速度，可用旋转脚同侧的手臂做引导转身。

### 要点提示

以中轴脚为轴转身
要达到快速转身的效果，需要保持头部与脊柱在同一水平面，以中轴脚的脚掌为轴，旋转脚脚后跟，旋转脚脚掌用力，进行前转或者后转。

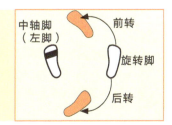

# 7 急停

急停可以使球员迅速平衡身体，防守和进攻时都可以使用。急停之后常接快速转身或其他动作，是球员控制身体和移动身体的基本技术。

## 跳步急停

**动作要点**

1 呈无球准备姿势。

2 前脚起跳，贴近地面，落地动作轻柔，同时接球。

3 用双脚平行姿势落地，也可以用双脚前后错开的姿势落地。

**转换视角**

1

2

3

在使用跳步急停时，注意落地时要屈膝降低重心。跳步急停一般是进攻球员在跑动准备接球时使用，进攻球员轻轻跳跃，在空中接住传球，从而甩开防守球员，进行投篮。

**要点提示**

控制身体，保持平衡

使用急停动作多数时候是为了摆脱防守，无论哪种急停方式，都需要控制身体，保持平衡，落地时尽量降低重心，为后面的动作提供较强的爆发力。

## 跨步急停

跨步脚

**动作要点**

跑动准备接球，一只脚向前跨出时控制身体重心，减缓冲力。

后脚跟随跨出一步，同时接球。

平稳落地。后面可以接着进行其他动作。

跨步脚

**转换视角**

跨步急停是前后脚分次停止的动作，不影响跑步节奏。在需要 180 度转身时，可以使用跨步急停。

# 快速起跳

快速起跳是篮球运动中十分重要的一项技术。起跳的速度、在空中时对身体的控制以及落地的姿势都很重要，能够连续起跳，是优秀球员的必备素质。

**双脚起跳**

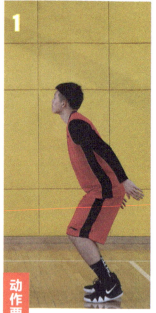

**1**

**2**

上举手臂

**3**

双脚起跳

**动作要点**

抬头，背部挺直，屈膝，将重心放在脚掌上。

双臂有力上举，双脚用力蹬地，形成向上的势能。

起跳后双手张开模拟篮下接球，落地时要平稳。

**要点提示**

双脚落地

双脚起跳，双脚落地，虽然起跳速度稍慢，但十分平稳。球员在篮下聚集抢篮板球时，多采用这种方式起跳。

## 单脚起跳

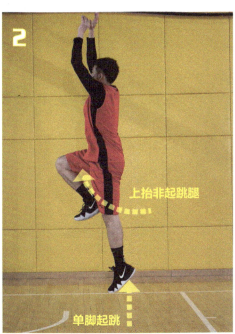

上抬非起跳腿

起跳脚

单脚起跳

**动作要点**

双脚前后错开，前脚为起跳脚，屈膝，脚掌蹬地。

伸直起跳腿膝关节，另一条腿用力上抬、屈膝，抬高手臂。

**要点提示**

**注意起跳准备姿势**

单脚起跳前球员多在跑动当中，因而起跳速度快，利用前面跑动的冲力可以跳得更高，但身体的平衡性不易把握，落地时的稳定性也要差一些。准备起跳时，步伐要小一些，加快屈膝的速度，使腿部摆动的力增大，从而跳得更高。

**实战应用**

双脚起跳

单脚起跳

在实战中，双脚起跳多用在抢篮板球时，单脚起跳多用在跑动当中，如上篮、盖帽等。

# 第 3 章
# 球性训练

重复的球性训练能让初学者增加球感，在短时间内了解手上篮球的特性，如它能反弹多高，发力大小和反弹高度的关系，还有转移篮球过程中手腕怎样发力才能不失球，等等。这些问题都可以通过球性训练得到解答。

# 单手拍球

单手拍球可以让球员熟悉篮球的特性，确定自己的惯用手，同时培养球感。反复训练，可使拍球的姿势稳定、统一。

**动作要点**

**要点提示**

动作稳定
保持正确的身体姿势，篮球每次击地的点要相同，手腕用力程度一致，篮球的反弹高度相同。形成稳定的动作后，可以发现球像黏在手上一样，即使眼睛不盯着篮球，也可以顺畅地练习。

降低身体重心，不要弯腰

非持球手在身体前护球，防止被干扰

双脚分开，与肩同宽，保持身体稳定

侧视图

**换手拍球**

换手后身体姿势不变，依然要用非持球手护球。在练习时，惯用手和非惯用手同样重要。在进攻中，球员常利用身体护球，向右侧走就用右手运球，反之则用左手运球。如果只能左手或右手运球，那么进攻机会将会减少一半。

# 2 食指运球

食指运球主要练习拍球时手部的动作，其他的手指也用同样的方法接触篮球，规范手型，增加手指记忆。

**动作要点**

**要点提示**

指腹触球

拍球时，只用指腹接触篮球，这个训练旨在训练手指的感觉，不要大力拍球，同时，需要换手练习。

**转换视角**

双手持球准备，开始训练后，用右手的食指指腹拍球。身体与手臂姿势不变，手腕发力拍球。

**要点提示**

指尖运球

这是食指运球的进阶练习。手指张开呈抓球的姿势，这更接近标准的运球姿势。注意，手肘和手臂不发力，手腕发力，应增强手腕的力量。

**进阶练习**

用5根手指一起拍球，只用指尖接触篮球。

# 3 手指交互传球

双手间的传球可以很好地训练手指拨球的力量，提高手部控球能力，同时，还能增加手腕的灵活性和力量。

**动作要点**

单手持球，手指张开，用指尖抓住篮球。

手腕发力将篮球拨向另一只手。

另一只手用指尖接住篮球，然后快速拨球。重复练习。

**转换视角**

双手拨球速度较慢时，可能会出现用掌心向上托篮球的情况，这时应尽量用手指控制篮球，不要用手掌控制篮球。

> **要点提示**
>
> 保持拨球速度
> 手指交互传球练习旨在增加手腕和手指的力量。尽量快地将球在双手之间拨动，这样能更好地锻炼手指的控球能力。

21

# 向上挑球

向上挑球的练习，可以使球员体会手腕灵活转动并发力抛球的过程。向上挑球时尽量使篮球垂直向上抛出，这样能增强手腕和手指的控球能力。

## 双手挑球

动作要点

1

双手持球。

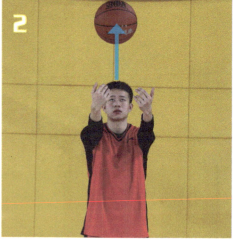

2

向上挑球，让球超过头顶，球回落时，用双手接住。重复训练。

转换视角

1

2

训练时，注意背部挺直，不要弓背。双手同时均匀用力，向上挑球，目视球的运动方向，尽量不要使球失去控制而掉落。

# 单手挑球

**动作要点**

单手持球，另一只手垂于体侧。

向上挑球，让球超过头顶，球回落时，用单手接住。重复训练。

**转换视角**

训练时，尽量保持身体稳定，不要过度前倾。向上挑球时，手腕灵活转动发力，目视球的运动方向，尽量不要使球失去控制而掉落。

> **要点提示**

加强练习

运球、传球都需要手腕有足够的灵活性和力量。将单手拍球、食指运球、手指交互传球和向上挑球穿插进行练习，既可以加强手腕和手指的力量，为后面练习复杂技术做准备，也可以降低受伤的概率。

**单手头上抛接球**

单手头上抛接球可以初步培养球员投篮的感觉。原地在头上抛接球，需要的空间不大，便于反复训练投篮的手型和培养出手时的手感。

**动作要点**

**要点提示**

手型训练
单手抛接篮球，一只手作为主要手，发力控制篮球的抛接，另一只手作为辅助手。

目视篮球，观察篮球的运动方向，调整出手的力度和用力方向

抛接手的手肘不要过度外展

辅助手仅支撑辅助，不用发力

**转换视角**

双手持球，高于头部，屈肘呈直角。

右手发力，向上垂直抛出篮球。

接住回落的篮球，手型保持不变。进行重复训练。

# 左右手头上抛接球

左右手头上抛球，可以练习抛接球时的手部姿势，也可以培养手感和球感。训练时保持身体稳定，只手部运动进行抛接。

**动作要点**

**要点提示**

动作稳定

两只手腕用力程度一致，篮球在空中做抛物线运动。两臂高度相同，身体不要来回晃动。

**目视篮球的运动轨迹，随时调整抛球力度**

手腕发力弯曲

**转换视角**

单手持球，手指张开，掌心向上托住篮球。

手腕发力将篮球抛向另一只手。

同样，用另一只手托住篮球，进行重复训练。

转换视角

准备时的手部姿势要正确，便于发力。

抛球时手臂不要过度抬高，尽量用手腕发力。

抛球和接球连续且稳定，抛接球距离不要忽远忽近。

**要点提示**

手腕练习

结合前面的练习，球性训练里很重要的一项，就是把手腕训练得像弹簧一样，既有很强的灵活性，也有很强的力量。这在后面的运球、投篮中十分重要。

单手头上抛接球

单手挑球

# 颈部盘球

盘球是常见的球性训练，主要训练手部的控球能力。颈部盘球时，手持篮球，使其在颈部以画圆圈的轨迹移动。

**动作要点**

双手持球，放于胸前。

右手持球，将篮球向头后移动。

将篮球传至头后，用左手接住篮球。

左手持球，将篮球向胸前移动。

最后回到起始姿势。

转换视角

微屈膝，以使身体保持稳定。

手指张开，抓紧篮球。

传球的高度不要太高，尽量保持在头后传球。

**要点提示**

快速稳定

这个训练需要顺、逆时针交换练习，逐渐加快盘球速度。在传球过程中感受球的体积大小，尽量不要让球碰到头部，同时，头部也不要晃动，保持身体稳定。

头部不要前后晃动。

训练时不要停顿，不断重复前面的动作。

# 躯干盘球

盘球是常见的球性训练，主要训练手部的控球能力。躯干盘球时，手持篮球，使其在腰部四周以画圆圈的轨迹移动。

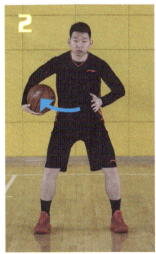

**动作要点**

双手持球，放于胸前。　右手托住篮球，将篮球向腰后移动。　将篮球移至腰后，用左手接住篮球。

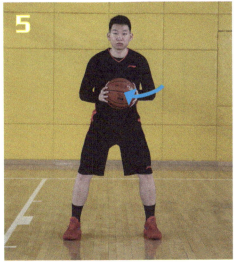

左手托住篮球，将篮球向胸前移动。　最后回到起始姿势。

29

转换视角

微屈膝，以使身体保持稳定。

手指张开，掌心向上，托住篮球。

传球时，接球手动作要快，防止篮球掉落。

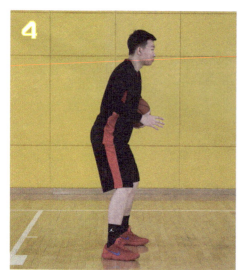

身体不要前后晃动。

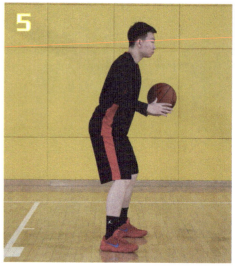

训练时不要停顿，不断重复前面的动作。

## 要点提示

快速稳定

这个训练也需要顺、逆时针交换练习，同时，逐渐加快盘球速度。在传球过程中保持身体稳定，不要前后晃动。从前向后移动篮球时，接球手从抓住篮球变成托住篮球，通过快速连续的训练，增强手腕的灵活性。

# 膝关节盘球

盘球是常见的球性训练，主要训练手部的控球能力。膝关节盘球时，手持篮球，使其在膝关节处以画圆圈的轨迹移动。

**动作要点**

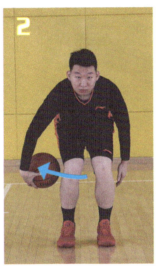

双手持球，放于膝关节前。

右手托住篮球，将篮球向膝关节后移动。

将篮球移至膝关节后，用左手接住篮球。

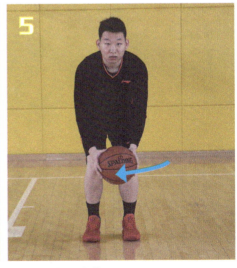

左手托住篮球，将篮球向膝关节前移动。

最后回到起始姿势。

转换视角

1 准备时屈膝，背部挺直。

2 托球手的手指张开，掌心向上，托住篮球。

3 尽量降低身体的重心，方便传球。

**要点提示**

快速稳定

这个训练需要顺、逆时针交换练习，逐渐加快盘球速度。在传球过程中尽量降低身体的重心，方便传球。在传球过程中身体不要大幅度地晃动，保持身体稳定。重复一定次数的训练。

4 身体不要上下晃动。

5 训练时不要停顿，不断重复前面的动作。

# 10 胯下盘球

胯下盘球可以提高手部控球的技术，同时也可以进行全身性的运动。
当双手在两腿间传球时，注意膝关节的方向有小幅度调整。

**动作要点**

双手持球，两脚分开，略宽于肩。

右手持球穿过左边胯下，将球传给左手。

左手持球绕到身前，右手辅助。

左手持球穿过右边胯下，将球传给右手。

右手持球绕到身前，左手辅助。

最后回到起始姿势。

转换视角

背部挺直，屈膝。

右手持球，将球从胯下绕到身体后方，左手接球。

左手持球，自膝关节外侧绕到身前，右手辅助。

接着重复相同的动作。左手持球穿过右胯，右手接球。

右手接球，从右侧膝关节外侧绕到身前，左手辅助。

训练时不要停顿，不断重复前面的动作。

## 要点提示

### 灵活变换

这个训练需要顺、逆时针交换练习，同时，逐渐加快盘球速度，让篮球可以灵活地在两腿间传递。这个动作在球场上也可以使用，在躲避防守时，将篮球移动到膝关节后侧，利用身体护球，再进行后续的进攻。

# 背后绕球

背后绕球是培养控球能力的动作。了解手抛球需要的力度，练习两只手的抛接配合，可以增加身体灵活性。

## 右手背后绕球

**动作要点**

双手持球，双脚分开，略宽于肩。

右手托住篮球，将篮球向后移动。

用手腕的力量将篮球向左肩上方抛出。

篮球下落后，用左手接住篮球。

**转换视角**

传球位置与腰部基本齐平，抛球高度不要太低，要越过肩部，可以稍微侧身，便于接住篮球。

## 左手背后绕球

双手持球，双脚分开，略宽于肩。

左手托住篮球，将篮球向后移动。

用手腕的力量将篮球向右肩上方抛出。

篮球下落后，用右手接住篮球。

转换视角

练习时，接球手接到篮球后，把篮球递给抛球手，做连续不断的练习。

### 要点提示

培养球感

开始练习时，可以适当地观察一下篮球抛起的高度和角度，以便掌握抛球的力度，接下来的练习尽量不要看球，培养球感。

# 第 4 章
# 运球

无论处于哪个位置的球员，拥有良好的运球能力都很
重要。球员通过运球，可以摆脱防守，获得空间，为
下一步实施动作创造宝贵的机会。运球第一要点：不
要低头看球。

# 基本运球

运球是球员必须掌握的技能。一个出色的球员，可以通过运球，找到投篮机会或者摆脱防守，创造更好的得分机会，使自己的球队处于有利位置。

**要点提示**

**保持运球**
在有清晰的判断前，不要停止运球，保持运球状态。尽量避免失球。

**培养球感**
用手去感受发力不同，篮球回弹时的不同。运球时尽量用余光去找球，而不是直视篮球。

降低身体重心，保持身体弯曲

运球手手腕弯曲呈90度角，非运球手在球前护球

双脚分开，保持身体稳定，运球时身体不要晃动

**手部姿势**

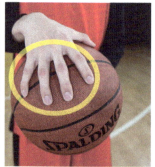

运球时，用手指和指尖发力，尽可能地张开手指，才能够最大限度控制好球。

**动作要点**

手肘完全张开，大力运球。

手指指尖迎球。

接球时手腕弯曲，减缓篮球回弹的冲力。

**视角转换**

右手准备运球。

目视前方，运球手手腕弯曲呈90度角。

右手自然下垂，等待球回弹到手中。

手和球配合自然，球仿佛黏在手上。

**要点提示**

左右手皆可运球

球员有不同程度的强侧手和弱侧手，习惯右手运球的球员，那右手就是其强侧手。在训练中，要着重训练弱侧手，使双手在运球时有同样的熟练度。

**左手运球**

无防守运球是指没有防守球员时，自行控制篮球前进或后退。这是在基本运球的基础上，根据实际情况的不同进行的变化运球。

**动作要点**

**要点提示**

**体侧运球**
虽然没有防守球员，但是还是要保持体侧运球。

**观察全场**
没有防守球员时，需要一边运球，一边判断球场上的情况，进行传球或者投篮，不要低头看球。

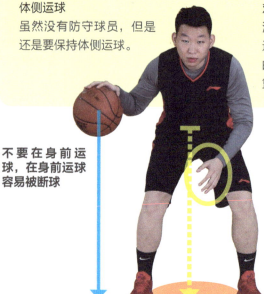

不要在身前运球，在身前运球容易被断球

面向前方，非持球手在身前护球

微屈膝，降低身体重心

在没有防守球员时运球，要把篮球控制在身体两侧，便于快速变换进攻策略。同时快速判断球场上的局势，以便进行下一步的动作。

# 有防守运球

有防守球员时，运球的方式有所改变。根据防守球员的距离远近，以及其站位，运球策略也不同。防守球员的站位及距离情况基本分为：防守球员在前，距离远；防守球员在前，距离近；防守球员在后，距离近。

## 防守球员在前，距离远

**动作要点**

红衣球员持球进攻，黑衣球员在远处防守。

进攻球员，右手运球，左手护球，一边判断场上局势，一边运球前进。

在距离防守球员一大步时，变换为原地运球。

**动作要点**

红衣球员持球进攻，黑衣球员在其身前，贴身防守。

进攻球员持球，侧对防守球员。右手运球，左手顶住防守球员的身体，防止球被抢断。

被贴身防守时，进攻球员运球方式要稍有变化，变换手腕的发力方向，使篮球有前后两种不同的回弹方向。依此来影响防守球员的判断，从而便于进行下一步的进攻动作。

# 防守球员在后，距离近

动作要点

**要点提示**

快速运球
身体前倾，大跨步快速奔跑前进，同时持球手向前运球，注意步伐和篮球反弹的配合，以取得一边运球一边快速前进的效果。

持球手触球的后上部，使篮球向前运动

身体前倾，便于快速跑动

屈膝，降低身体重心，增加快速前进的势能

向前大跨步

防守球员在身后时，进攻球员加快运球速度远离防守球员是很重要的。所以，这时运球的距离就要比较远，但是要配合球员本身的跑动速度，否则球极容易被抢断。

# 4 背后交替运球

背后交替运球是运球的基本动作，可培养身体和篮球之间的距离感，同时也可以训练球员在运球时不低头看球，提高运球过人的成功率。

**1**

动作要点

呈三威胁姿势。

**2**

右手持球，将球移动到身体右后侧。

**3**

降低身体重心

手腕发力，使篮球在身后击地，向左侧反弹。

**4**

篮球从身后经过

左手接球，单手将球移动到身体左后侧。

**5**

改变篮球运动方向，篮球反弹到身体右后侧。

**6**

篮球回到右手，重复训练。

**转换视角**

呈三威胁姿势时，背部挺直，屈膝。

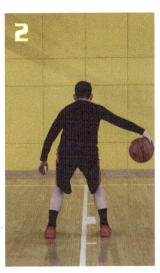

将球移动到身体一侧时，持球手手臂伸直。

篮球在身后运动时，尽量不要低头去看球。

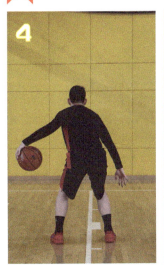

同样的，球移动到另一侧时接球手手臂也要伸直。

反复进行练习，熟悉身后运球的感觉。

训练时不要停顿，不断重复前面的动作。

**要点提示**

运球稳定

在身后运球时，因为身体的阻挡，可以防止球被抢断，但是自身运球过人的成功率也比较低，所以需要多加练习。注意要保持手腕的力度和篮球反弹的角度的稳定，这样才能很好地将背后交替运球动作应用于实战当中。

# 体前变向运球

当有防守球员阻挡时，可以使用体前变向的方式改变运球的方向，从而摆脱防守，获得较好的面对篮筐的机会。

## 单人运球

右手持球，向前运球。

右手缓慢运球前进，模拟防守球员在身前。

**降低身体重心**

降低身体重心运球，篮球击地点在右膝外侧的地面上。

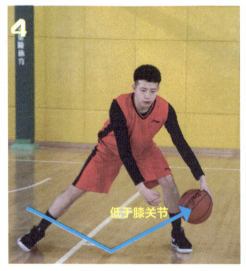

**低于膝关节**

在低于膝关节高度的地方，将球从右手运球换到左手运球，在左膝外侧运球。

起身，左手持球进攻。

## 有防守球员时运球

**动作要点**

防守球员在原本的运球线路上阻挡，进攻球员左手护球。

进攻球员降低身体重心运球，缓慢靠近防守球员。

进攻球员在距防守球员有一定距离时进行体前变向，将球从右手运球换到左手运球。

进攻球员左手运球前进，右手护球。

**要点提示**

先单人练习运球，熟练后再练习有防守球员时运球

练习运球时，先从单人运球开始，注意身体的重心要降低，在不低头的情况下，左右手熟练地互换运球。然后再两两进行有防守球员时的运球练习，进攻球员进行体前变向时，注意与防守球员的距离要适当，不然很容易被断球。

# 跨下运球

在运球前进时，若有防守球员阻挡，经常会使用跨下运球来摆脱防守。这种运球方式可以利用身体来护球，因此球不易被防守球员抢断。

## 单人运球

**1**

双手持球准备。

**2**

右手缓慢运球前进，模拟防守球员在身前。

**3** 不要低头看球

降低身体重心运球，篮球击地点在膝关节外侧。

**4** 从跨下穿过

左脚向前跨步，同时降低身体重心，在跨下运球。

**5** 从跨下穿过

篮球从跨下穿过，持球手变成左手。

**6**

左手运球，右手护球，然后突然发力，摆脱防守。

# 有防守球员时运球

**动作要点**

防守球员在原本的运球线路上阻挡，进攻球员左手护球。

防守球员上前防守，距离进攻球员较近时，进攻球员可考虑使用胯下运球摆脱防守。

降低身体重心运球，前后脚分开，相距较远。

俯身在胯下运球，将球从右手换到左手。

左手在腿后接球。

顺势改变进攻方向，摆脱防守。

**要点提示**

保持警惕，寻求突破时机

胯下运球时，不要低头看球。在运球过程中，球不要碰到腿。可以多次在胯下运球，迷惑防守球员，寻求最好的突破时机，突然发力，摆脱防守。

# 背后运球

在运球前进时，若有防守球员贴身防守，经常会使用背后运球来摆脱。这种运球方式利用身体把篮球和防守球员隔开，可以很好地护球，但是难度较大，需要多加练习。

## 单人运球

**动作要点**

双手持球准备。

右手缓慢运球前进，模拟防守球员在身前。

降低身体重心运球，篮球击地点在膝关节外侧。

篮球从身后过

突然将身体重心再降低，变换为在身后运球，将篮球从右手换到左手。

变换方向，左手运球，右手护球，摆脱防守。

# 有防守球员时运球

**动作要点**

防守球员在原本的运球线路上阻挡，进攻球员左手护球。

防守球员上前防守，进攻球员可考虑使用背后运球摆脱防守。

降低身体重心，在身后运球，快速变换持球手。

左手在身后接球，继续加速运球，同时转移重心至左脚。

顺势改变进攻方向，摆脱防守。

## 要点提示

**控制运球速度**

背后运球时，尽量将手臂向后伸直，防止身体阻碍运球，利用手腕的力量改变篮球的运动轨迹。换手成功之后，要继续加速运球，以摆脱防守，同时在做动作时，不要降低速度，防止防守球员发现意图。

# 转身运球

转身运球是在运球进攻的同时，结合第 2 章讲到的快速转身技术，迅速摆脱防守球员，成功突破。转身速度较快时，容易因重心不稳而摔倒，因此平时要多加练习。

## 单人运球

1

**动作要点**

原地运球。

2

右手缓慢运球前进，模拟防守球员在身前。

3

不要低头看球

降低身体重心运球，停在原地，前后脚分开。

4

向后转身

旋转脚

中轴脚

以前脚为轴，迅速向后转身，旋转脚不要离中轴脚太远。

5

转身后，换手运球快速前进。

## 有防守球员时运球

**动作要点**

防守球员在原本的运球线路上阻挡，进攻球员右手运球。

防守球员上前防守，距离进攻球员较近，进攻球员可考虑使用转身运球摆脱防守。

降低身体重心，前脚为轴，迅速向后转身。

快速地转身使篮球像黏在手上一样，不脱离手的控制。

篮球击地时，转身基本完成。

换手运球，快速进攻，摆脱防守。

**要点提示**

保持重心稳定

转身运球时，转身时的弧线半径要尽量小，这样重心比较稳定。转身的时候球是在手中的，篮球击地时转身基本完成，弹起时换手运球，变换进攻的方向。

# 直线运球：in-out

在直线运球摆脱防守时，用单手控球进行体前变向，即"in-out"，直线运球也称作内外运球。进攻球员利用重心的变化，摆脱防守。

**动作要点**

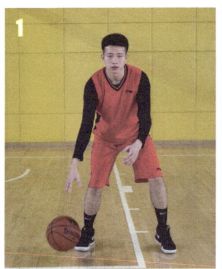

面对防守球员，进攻球员降低身体重心运球。

运球高于膝关节

持续运球，准备进行单手体前变向。

快速跨出左脚，重心稍向左移动，持球由外侧向内侧横向移动，配合眼神，使防守球员误以为要运球向左前进。

重心回到右侧

马上将重心移回到右侧，同时运球向外侧移动，这时防守球员来不及变向，即成功创造出机会，摆脱防守。

54

# 10 直线运球：假急停

在直线运球摆脱防守时，可以利用假急停，然后加速前进，摆脱防守。假急停也是利用重心变化产生势能，从而获得进攻机会的技术。

**动作要点**

面对防守球员，进攻球员运球前进。

提高身体重心，目视前方，做假急停动作。

停止后降低身体重心，吸引防守球员靠近。

观察时机，突然发力跃起向一侧突破。

摆脱防守后，快速运球前进。

# 双球—交叉运球

这是双手运双球的练习，训练左右手同时把球在身前交叉互换，提高双手运球的灵活性。

**动作要点**

双手持球，双脚分开，略宽于肩。

双手同时运球。

在身前交叉击地。

两个篮球交叉弹起。

再次双手同时运球，重复训练。

最后回到双手持球的准备姿势，停止训练。

转换视角

准备时背部挺直，
屈膝。

双手同时运球。

运球高度在膝关节以上，难
度会有所降低。

控制篮球在身前地面交叉
击地。

换手接球。

训练时不要停顿，不断重复
前面的动作。

**要点提示**

同时训练

训练时，尽量贴近身体运球，双手同时运球，两个篮球的击地点要错开，防止两
球相撞。训练初期可以在保证成功率的基础上稍微放慢速度，后续逐渐加速，同时
降低运球高度，提高训练的难度。

# 双球—转身运球

这是双手运双球的练习，训练左右手同时运球并转身，保证篮球不脱离手的控制。

双手各持一个篮球，站在距离锥桶一大步的地方。

双手运球向右前方移动，靠近第1个锥桶，不要越过。

向右后方转身，从锥桶后侧运球绕过第1个锥桶。

绕过第1个锥桶后，继续运球前进，靠近第2个锥桶（锥桶位于身体右侧）。

向左后方转身，从锥桶后侧运球绕过第2个锥桶。

转身后继续运球，重复训练。

动作要点

58

转换视角

准备时背部挺直，屈膝。

双手同时运球，先向身体的右侧移动。

向右后方转身，运球绕过第1个锥桶，来到左侧。

继练运球，靠近第2个锥桶。

再次运球向左后方转身绕过第2个锥桶，来到右侧。

**要点提示**

双手同时运球

尽量保持双手同时运球，这样有利于快速顺利地转身。可以增加锥桶的数量，绕锥桶连续做向右和向左的后转身交替练习。

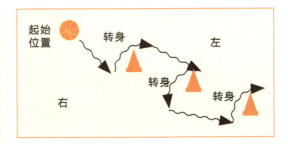

# 突破防守运球

防守球员在身前时，进攻球员通过仔细地观察、判断，利用快速灵活的步伐，顺利攻至篮下，从而获得投篮得分的机会。

**动作要点**

左右试探

红衣球员运球进攻，黑衣球员在其身前防守。进攻球员持球试探，以确定进攻线路。

面对防守球员贴身防守时，一定要用远侧的手运球，非持球手在身前护球，使防守球员没有抢断的机会。

**要点提示**

身前运球

在有防守球员在身前时，常在身侧运球，利用身体护球。但在突破防守时，随着大步跨出的同时，运球位置也要移至身前，这样有利于快速前进。

大力向前运球

跨步要大

在防守球员不察时，利用速度优势，快速向前突破。第1步尤其重要，步伐一定要大，同时持球手在身前运球，便于快速前进。

大力向前运球

紧接着第2步也要用力蹬地向前跨步，运球力度要大。这两步是突破防守球员很重要的点，速度要快，且要出其不意。

这时基本已经甩开防守球员，直接面对篮筐了，这样对上篮得分或者传球给位置更好的队友，都十分有利。

摆脱防守运球（关门）

进攻球员利用脚步动作把防守球员挡在身后，在防守球员与篮筐之间创造出有利的位置，从而"关上"了防守球员的"大门"。

**动作要点**

黑衣球员持球进攻，红衣球员在其身前展开手臂防守，进攻球员持球置于远离防守球员的位置。

跨步要大

进攻球员贴着防守球员的脚边跨出一大步，要朝着篮筐的方向，为下一步挡住防守球员做准备。

**要点提示**

远离防守球员运球

进攻球员要用远离防守球员侧的那只手运球，防止被断球。脚下步伐要准确，在将防守球员挡在身后之后，进攻球员可以有充分的时间观察球场，阅读比赛，做出正确的反应。

跟步要迅速

紧接着进攻球员的另一只脚跟上，这时防守球员反应不及，被甩在身后。进攻球员创造出把防守球员挡在身后的、而自己距离篮筐更近的有利位置。

此时进攻球员利用身体护球，防止球被防守球员抢断。这时的比赛节奏会变慢，进攻球员可以有更充裕的时间思考下一步该怎么做。

**变速运球**

利用运球速度和节奏的快慢变化，可以对防守球员造成干扰，从而完成突破或者摆脱防守。这里讲解慢速运球（控制性运球）和快速运球（快速推进运球）之间的相互变换。

## 从控制性运球到快速推进运球

**动作要点**

从没有防守球员的单人练习开始，从控制性运球变换到快速推进运球。

缓慢运球前进。在有防守球员时，可以同时观察、阅读比赛，以确定变速时机。

变速运球时，脚下步伐变大，手腕向前推球，保持篮球在身前，可以获得较快的速度，从而实现快速推进运球。

## 从快速推进运球到控制性运球

**动作要点**

**1**

**身体前倾
快速跑动**

在快速运球前进中，突然降速，这样的变速运球难度较大。若控制不好篮球，容易失球，要多进行单人练习。

**2**

**篮球距离
身体远**

大步伐快速运球前进，篮球距离身体较远，便于跑动。在球场上，这样更有利于摆脱防守。

**3**

**篮球距离
身体近**

降速时，手腕配合脚下减慢的步伐，向后拉篮球，使篮球靠近身体，从而实现控制性运球。

**4**

将运球速度变慢之后，加强了对篮球的控制。加速或者减速时机，控制在自己手中，可以做到先防守球员一步。

# 运球练习1：三点运球

这里说的3点分别是：身体的左右两侧和两脚之间。这3个点是运球时篮球的击地点。训练时动作要连续，熟练度不够时，左右两侧可以多练习几次。

先右手运球，篮球在身体右前侧击地。

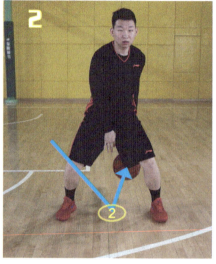
接着篮球从右前侧穿过胯下到左后侧。

左手接球，将篮球移动到身前。

用左手运球，篮球在身体左前侧击地，接着再次穿过胯下，回到右手。进行连续的重复训练。

# 运球练习2：双手运球

双手运球练习，可以提高双手运球的熟练度，进而提高不低头看球时的运球质量。

**动作要点**

双手持球，双脚分开。　　双手同时运球。　　保证两个篮球的击地和反弹都同步。

**转换视角**

双手运球时，降低身体的重心，训练时，尽量不要低头看球。左右手用力程度要一致。

# 运球练习 3: 读数字运球

读数字运球练习可以培养持球者在不低头看球的情况下持续运球的能力。在球场上，运球的同时还可以观察比赛，掌握周围队友的情况。

两人一组作为搭档，一人运球，一人用手势比数字。

持球者持续运球，同时大声读出搭档比的数字。然后两人对换，连续重复训练。

# 运球练习4：圆圈运球捉人

两名球员在中圈线上跑动，一边运球，一边观察对方，以便做出捉人或者逃跑的决定。在这个过程中，球员会持续进行变速运球，增强对篮球的掌控。

**动作要点**

两人一组，各持一个篮球，站在中圈同一条直径的两端。

两人同时运球，在中圈线上跑动。

一人作为捉人方，另一人则运球逃跑。

捉人方加快运球速度和步伐，去追逐对方。

过程中两人都不要失球。

捉住对方后，两人角色互换，回到起始位置，重复进行练习。

# 运球练习5： 运球的同时抢断对方的球

运球的同时抢断对方的球的练习，旨在既要成功护球还要观察对方，抢断对方的球。这样可以提高球员阅读比赛、观察场上局势的能力。

**动作要点**

两人一组，各持一个篮球，站在中圈内。

两人运球靠近。

目标是把对方的篮球打出中圈外。

两人要一边保护自己的篮球，一边寻找对方的弱点。

率先找到机会，将对方的篮球打出中圈外者，获胜。然后回到起始位置，重复进行练习。

# 第 5 章
# 传接球

从这里开始，篮球这种团队合作运动的魅力将正式展现在大家面前。球场上，优秀的传接球配合是球员之间默契最基础的表现。下面开始深入了解传接球吧。

# 传球要点

传球的目的有两个：一是通过高质量的传球为队友创造出有利的投篮得分机会；二是个人运球太久会有被抢断的可能，多人传球，可以实现持续控球，从而掌控整个比赛。球员之间熟练传球，也可以减少被断球的可能。

## 身体姿势

微屈膝将球拉向身体。

传球时身体重心前移，向前跨步，保持身体平衡。

### 要点提示

掌握正确的传球姿势正确的身体姿势是成功传球的基础。要注意的是，空中传球一定要尽量保持直线，防止被断球。传球时，可以向前跨步，用跨步来抵消传球时产生的力，保持身体平衡。

## 传球线路

有防守球员时，传球的线路就十分重要。如左图所示，有4条突破防守的线路。优秀的防守球员，可以阻挡两条传球线路。仔细观察防守球员，配合假动作来传球，可以提高传球的质量。

## 传球原则

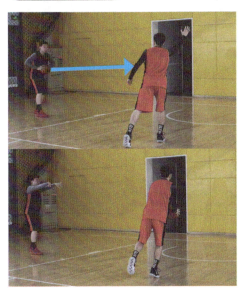

**精准传球** 熟悉队友的强弱点，做出最精准的传球，提高后续投篮的成功率。

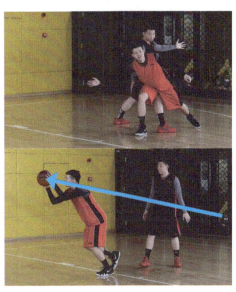

**预先判断传球** 队友之间配合默契，将球预先传向队友将要跑动的位置，要注意根据距离确定传球的力度，防止失误。

**传到远离防守球员的位置** 在队友被严密防守的时候，要抓住时机，将球传到远离防守球员的位置，使队友有机会接到球。

**传球给无防守球员的队友** 有防守球员时会增加传球失误的概率，所以要观察场上的情况，把球优先传给无防守球员的队友。

# 2 接球姿势

在无人防守或者处于有利位置时，需要提醒队友传球，高举双手示意准备接球。
接球的原则有两个：一是需要迎球跑动，二是创造机会尽量双手接球。

## 双手接球

**动作要点**

**要点提示**

面向篮球
接球时要面向篮球，双手置于胸前，手指放松，迎着球来的方向。有防守球员时，要迎着篮球的方向跑动。

目视篮球

双手前伸，迎着球来的方向

屈膝，保持身体稳定

降低身体重心，不要弯腰

球场上，双手接球是一个保证接球成功率的好习惯

**1**

双脚平行，双手置于胸前。

**2**

向前伸直手臂去接球，眼睛紧盯篮球，直到接到球。

**3**

将球置于身前，通常呈三威胁姿势。

**转换视角**

## 腰部以下位置接球

**转换视角**

队友的传球在腰部以下时，可以单手接球，再快速将篮球移动到安全位置。

**动作要点**

目视篮球，直到接到球

手臂伸直去接球

## 头上位置接球

**转换视角**

高举手臂，同时配合向上跳跃或者跨步，将队友的高空球接住。向下移动篮球时，要画弧线，直线会使防守球员直接断球。

**动作要点**

手臂高举，等待接球

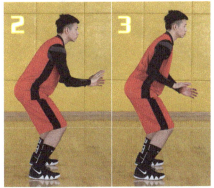

目光跟随传球球员，紧盯篮球

接到球后，手臂在身侧画弧线，将篮球移至腰部

# 胸前传球

胸前传球是很常见的传球方式，应用范围广，在没有防守球员或者攻守转换快速前进时经常会用到；胸前传球速度快，力度大，而且准确度高。

## 身体姿势

动作要点

**1** 双手持球置于胸前，手肘微微内收。

**2** 掌心向外，拇指向下

向前跨步

发力向前跨步，把球向前直线推出。

转换视角

**1** 双手放在篮球的微靠后位置持球

**2** 向前跨步

传球前，确定接球队友位置，不要直视队友，以此迷惑防守球员。传球的瞬间，手臂指向接球队友。惯用手是右手的球员，发力时向前跨右脚，反之跨左脚。

## 两人配合

朝着队友的
方向，大力
推出篮球

两人配合用一个篮球进行训练，增加队友之间的传球默契度，提高传球质量。

### 要点提示

**全身配合发力传球**
胸前传球不只有上半身发力，配合屈膝，脚部用力蹬地和向前跨步，也可以加大
传球的力度，增加传球距离。

在有防守球员时，可以使用击地传球来使球从防守球员的手臂下方穿过，使队友获得接球机会。

## 身体姿势

**动作要点**

**1** 双手持球置于腰部，手肘微微内收。

**2** 掌心向外，拇指向下

向前跨步

发力向前跨步，把球向地面推出。

**转换视角**

**1** 手指放松，在篮球稍靠后的位置持球

**2** 手臂向下伸直

向前跨步

传球前，确定接球队友位置，不要直视队友，适当增加假动作，可以迷惑防守球员，提高传球成功率。惯用手是右手的球员，发力时向前跨右脚，反之跨左脚。

# 两人配合

向靠近队友的地面，大力推出篮球

两人配合用一个篮球进行训练，注意传球时球的击地点在两人距离的 2/3 处，靠近接球队友的位置。

## 要点提示

注意击地点

击地传球时，篮球通过地面反弹到接球队友的手中，所以这种方式下的传球速度没有直线传球速度快。要注意击地点的选择：离接球队友太远，篮球反弹时间长，容易被抢断；离接球队友太近，篮球反弹的高度可能不够，影响接球的效果。

**头顶传球**

头顶传球是从头上高点传球，面对贴身防守或者防守球员较矮时可以使用。如果接球队友在篮下有不错的位置，也可以使用头顶传球，将球传到篮下。

**身体姿势**

动作要点

1　双手持球置于额头上方，手肘微微内收。

2　掌心向外，拇指向下
向前跨步，加大力度
发力把球从额头上方向前直线推出。

转换视角

1　篮球在额头上方
手肘、膝关节、手腕都自然弯曲

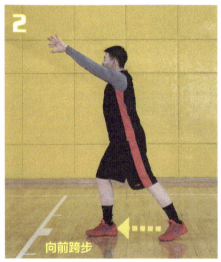

2　向前跨步

传球时，进行适当地试探，这样的假动作可以迷惑防守球员。头顶传球时要使用直线传球，不要传成高空抛球，那样速度慢，容易被断球。

# 两人配合

**1**

**2**

朝着队友的方向，大力推出篮球

两人配合用一个篮球进行训练，适当地调整两人之间的距离。熟练掌握传球时发力的大小，如果发球力度不够，篮球会提前下落，导致接不到球。

### 要点提示

不要将球置于脑后

头顶传球时，要将球置于额头上方，不要从脑后传球，那样会导致重心不稳，甚至球可能被对手从身后抢断，同时也不容易传出直线球。

在有防守球员严密防守时，配合脚下的跨步，从防守球员身体一侧将球传出。在应对近距离的贴身防守时，单手侧传球十分有用。

## 身体姿势

**动作要点**

**1**

**2**

传球手，手指向下，掌心向后

向前跨步

呈三威胁姿势，传球手持球后侧，非传球手轻扶篮球。

向前跨步，绕至防守球员一侧，用远离防守球员一侧的手发力，将篮球向前直线推出。

**转换视角**

**1**

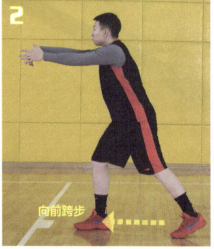

**2**

将篮球置于身前一侧，用身体护球

向前跨步

单手侧传球主要是为了绕过防守球员，所以要倾向于一侧持球。单手侧传球时，上下移动篮球做假动作，寻找防守的空当，向前跨步，从而将球从远离防守球员的一侧传出。

# 两人配合

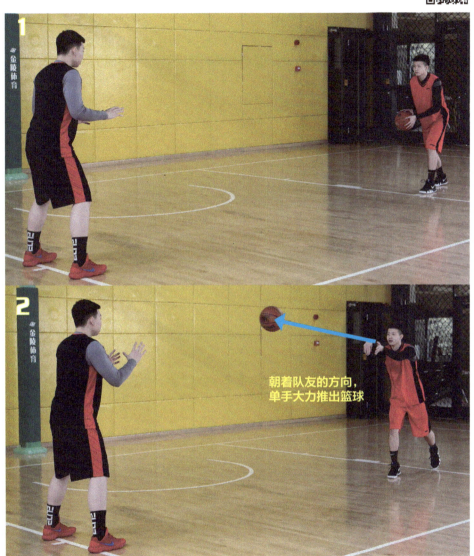

朝着队友的方向，
单手大力推出篮球

两人配合用一个篮球进行训练，强弱手都要进行练习，尤其是要加强弱手的传球练习。这样可以熟练应对球场上的不同防守球员。

### 要点提示

不要将球移到身后

单手侧传球时把篮球置于身体一侧，要注意不要将球移到身后，因为这样不仅增加了传球时间，还容易被断球。单手侧传球的目的是绕过防守球员从一侧传球，所以训练时，左右手同样重要。

# 7 背后传球

在与队友快攻篮下，面对防守球员时，可以使用背后传球。这种传球方式力度不大，接球后，队友可以顺利运球过人或者选择投篮。

## 身体姿势

动作要点

双手持球置于身侧，传球手置于篮球后方，非传球手置于篮球一侧。

转移身体的重心到另一侧

转移身体的重心，伸展传球手手臂，从背后将球传出。

转换视角

传球手绕至背后将球传出

准备姿势可以使用三威胁姿势，在防守球员面前试探，让其误以为要传球，再双手将篮球移至身侧，单手快速从背后传球。

# 两人配合

朝着队友的方向，大力推出篮球

两人配合用一个篮球进行训练，同样需要强弱手分别进行针对性练习。背后传球，也是优秀球员必须要掌握的技术。

## 要点提示

不要过早单手持球
背后传球时注意不要过早地单手持球，在球传出之前，都要双手持球，将篮球稳稳地控制在自己手里。

85

# 保龄球传球

顾名思义，保龄球传球有些像打保龄球时的动作。这时篮球的运动轨迹是自下而上的。

## 身体姿势

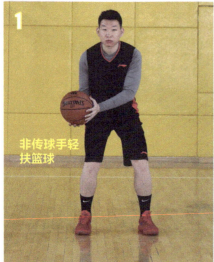

**1** 非传球手轻扶篮球

**2** 掌心向上，拇指朝向身体外侧
向前跨步

双手持球置于身前腰部位置。

向前勾手发力，自下而上将篮球传出。

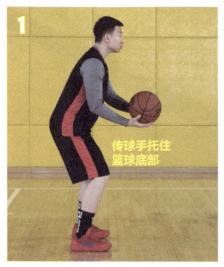

**1** 传球手托住篮球底部

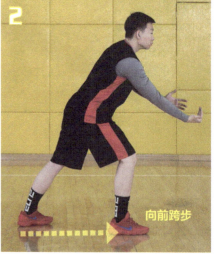

**2** 向前跨步

传球时，非传球手不要过早离开篮球，轻扶篮球可以起到护球的作用。这种传球动作力度较小、速度较慢，向前跨步可以加大传球的力度。

# 两人配合

朝着队友的方向，大力传出篮球

两人配合用一个篮球进行训练，强弱手都需要进行有针对性的练习，提高弱手的传球力度和速度。

> **要点提示**
>
> 注意传球力度
>
> 为了增加传球力度，向前跨步后再将球传出。保龄球传球速度较慢，不适宜长距离传球，容易被防守球员断球。

# 9 口袋传球（击地）

这种传球方式的出手点在裤子口袋的位置，所以被称作口袋传球。在球场上，面对防守球员，向处于身后或身侧后方的队友传球时，可以使用口袋传球。

## 身体姿势

动作要点

**1**

传球手在上，非传球手在下托住篮球

双脚分开

**2**

掌心向上，拇指朝向身体一侧

双手持球置于身侧，身体微微前倾，保持平衡。传球前，观察接球队友站位，并示意对方，但不要面向接球队友；为了迷惑防守球员，可以假意向前，然后突然向侧后方传球。

这里的传球线路是折线，所以，出手时传球手是朝向地面的。这样可以给接球队友一定的反应时间，同时提高了传球成功率。

# 两人配合

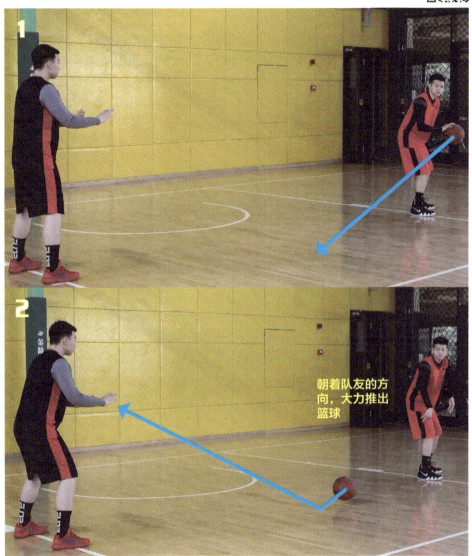

朝着队友的方向，大力推出篮球

两人配合用一个篮球进行训练，传球球员侧身传球，接球球员正面接球，然后互换角色反复训练。强弱手都需要进行有针对性的练习，从而提高弱手的传球准确度。

## 要点提示

注意与队友之间的配合

口袋传球对球员之间的默契要求较高，不然极容易导致传球失误。所以平时训练要有意识地加强配合，这样也可以丰富球员的传球方式。

# 头上勾手传球

头上勾手传球需要将篮球举过头顶，然后传出。防守球员在进行严密防守时，通常重心会较低，这时传球球员突然进行头上勾手传球，可以轻松突破防守。

## 身体姿势

 **动作要点**

1

伸展手臂，传球手掌心向下

蹬地，身体重心侧移

侧向面对接球队友，双手持球置于身前。

2

单手发力，头上勾手将球传出。

**转换视角**

1

传球手置于篮球后方，非传球手在前辅助

2

传球时，身体重心向上，向传球方向移动，提高传球的力度和速度。

# 两人配合

> 朝着队友的
> 方向，大力
> 推出篮球

两人配合用一个篮球进行训练，传球球员侧身传球，接球球员正面接球，然后互换角色反复训练。强弱手都需要进行有针对性的练习，提高弱手的传球灵活度。

## 要点提示

注意用身体护球

头上勾手传球是面对防守球员时进行高空传球的另一种选择。传球时利用身体护球，使防守球员不易靠近篮球。

**棒球传球**

顾名思义，棒球传球的姿势与投掷棒球的姿势相似，这种传球方式传球距离远，进攻球员在快速进攻时，常会用到。

## 身体姿势

**动作要点**

**1**

传球前，始终双手持球

双手持球置于耳畔，手肘微微内收。

**2**

向传球方向转体

向前跨步

身体转向传球方向，重心前移，将球传出。

**转换视角**

**1**

传球手持篮球后部，非传球手在前辅助

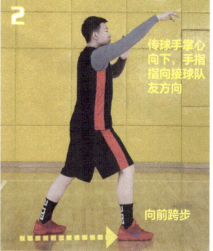

**2**

传球手掌心向下，手指指向接球队友方向

向前跨步

传球时，不要直接面向接球队友，可用假动作迷惑防守球员，防止其发现传球意图。出手前，一定要保持双手持球，也可随时改变传球方式。

# 两人配合

朝着队友的
方向，大力
传出篮球

两人配合用一个篮球进行训练，传球球员调整身体姿势传球，接球球员正面接球，然后互换角色反复训练。强弱手都需要进行有针对性的练习，提高弱手的传球灵活度。

## 要点提示

注意传球力度

棒球传球多用于长传，如将球传给篮下的队友，或者是抢到篮板球后向外传球。棒球传球由于传球距离远，传球球员向前跨步的同时要重心前移以加大传球的力度。

# 12 传球假动作（上下）

使用假动作传球，可以迷惑防守球员，提高传球的成功率。这里介绍的是进行上下传球时的假动作。

**1**

**2**

向上举起篮球

**3**

降低身体重心，向一侧跨步

**动作要点**

传球前，在护球的同时，观察防守球员。

双手持球将球举过头顶，配合眼神假意准备头顶传球。

防守球员会迅速向上跳起，进行防守，这时进攻球员迅速把球从身体一侧传出。

**要点提示**

多方向练习

上下传球假动作的难度不大，但对球员的身体灵活性要求较高，身体的快速伸展和收缩是传球成功的关键。练习时，要从上到下、从下到上地练习。

# 13 传球假动作（左右）

使用假动作传球，可以迷惑防守球员，提高传球的成功率。这里介绍的是进行左右传球时的假动作。

**动作要点**

传球前，在护球的同时，观察防守球员。

假意向斜前方传球

同方向跨步

双手持球，假意向身体一侧传球，吸引防守球员的注意。

重心及身体都转向另一侧

防守球员会向球移动的方向移动身体，此时快速向反方向转移重心，身体转向真正的传球方向并把球传出。

**要点提示**

灵活地掌握传球假动作，可使防守球员无法摸清真正的传球意图，进而无法抢断篮球，可以有效提高传球的成功率。练习时，从右到左、从左到右都要进行练习，快速的反应及敏捷的身体是传球成功的基础。

# 传接球练习1：双球传球（上下）

双球传球练习中两个球员的传球线路一上一下，可同时训练球员传球和接球的灵活度和准确度。

两人一组面对面站立，距离 4~6 米，双手持球置于胸前。

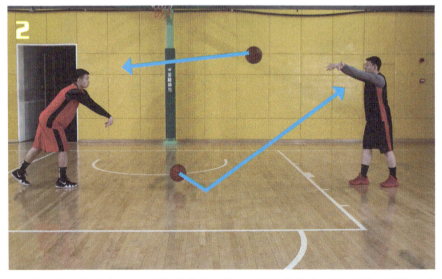

两人同时向对方传球，一人用胸前传球，另一人用击地传球，两人的传球线路一上一下，相互分开，互不干扰。训练一定时间后，传球方式互换，继续训练。

# 传接球练习 2：双球传球（左右）

双球传球练习中两个球员传球线路左右分开，使用单手侧传球，同样可以训练球员传接球的准确度。

两人一组面对面站立，距离 4~6 米，双手持球置于胸前。

两人同时向对方传球（击地传球），两人同时使用右手传球，避免两球相撞。两人的传球线路左右分开，互不干扰。训练一定时间后，再换左手传球，继续训练。

# 传接球练习 3：摸锥桶传球

在摸锥桶传球训练中，传球球员将球传出前，接球球员要用一只手去触摸锥桶，接球瞬间手才可以离开锥桶。接球球员需要一直盯住篮球，这可以提高球员对篮球的关注度。

两人一组面对面站立，身前分别放置一个锥桶。传球球员准备时，接球球员要降低身体重心，用一只手去触摸锥桶。

传球球员传球时，接球球员的手不要离开锥桶，在接球瞬间，接球球员的手离开锥桶，快速用双手接球。然后交换传接球关系，继续训练。

# 传接球练习 4：半场双人传球

半场双人传球练习是利用半场场地，进行两两之间的跑动传球。不同距离间的传球。可以增加球员之间的默契。

## 近距离

（1）两两一组，距离篮筐近的球员先持球，两人同时从一边底线跑向中线，中途传球 3 次。
（2）到达中线后，转身返回，同样传球 3 次到达底线。
（3）重复训练规定次数。

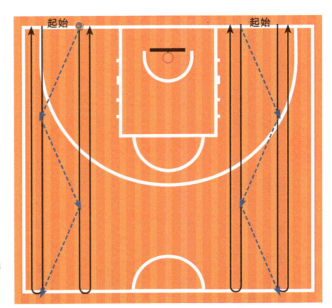

→ 球员跑动路线
--→ 传球路线

## 加大距离

（1）两人一组，站在油漆区边线的顶点，同时从底线跑向中线，中途传球 3 次。
（2）到达中线后，沿中线跑向两侧的边线，然后转向返回底线，中途传球 2 次。
（3）重复训练规定次数。

### 要点提示

注意传球时机
跑动中传球，需要把握好时机，尤其是长距离传球，需要上半身的力量、传球角度与跑动速度配合，对球员传接球的技术要求很高。

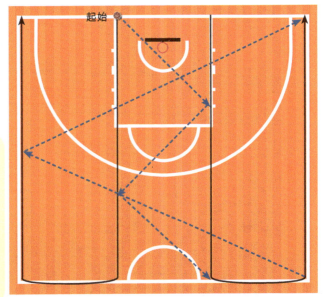

# 传接球练习 5： 2 对 1 传球

2对1传球练习，意在模拟球场上有防守球员时，球员避开防守并顺利传球，可以提高传球稳定度。

**动作要点**

3人一组进行训练，1人作为防守球员，站在中间，两端的传接球球员距离4~6米面对面站立。

防守球员向传球队员施压，阻挡传球，传球球员避开防守进行传球。

接球球员接到球后，再将球传给对面的球员。练习20秒之后，交换攻防关系，继续训练。

# 第 6 章
# 投篮

篮球比赛中以投篮命中得分来判定胜负。这一章讲解的就是投篮，一切投篮都是以命中为目的。

# 跳投标准姿势

跳投是非常常见的投篮方式。双脚起跳保证身体的稳定性，手部和手臂的姿势要正确，保持一定的节奏，多加练习，就可以提高命中率。

**要点提示**

手肘向内
将篮球高举时，同时伸展背部和肩膀，投篮手的手肘要向内倾斜，使手腕在投篮线上，手指张开托住篮球，保证直线投篮，才能提高命中率。

目视篮筐，不要让篮球挡住视线

投篮手在篮球底部托住篮球，手腕与手臂呈90度角

屈膝、伸展、腿部发力跳起，双腿动作连贯，与上肢的动作同步

将球向上举起，置于投篮手侧耳朵与肩膀之间。

双手持球，置于胸前，双脚分开，面对篮筐。

向上跳的同时，手臂伸展，跳至最高点时，手腕发力，将球投出，篮球后旋。保持手臂姿势，落地。

## 要点提示

**抛物线轨迹**

投篮时，出手点尽量高一些，手腕发力使篮球从食指和中指处离开手，向后旋，在空中的运行轨迹呈抛物线，然后落入篮筐。

**直线投篮**

瞄准篮筐上方一点，出手点、篮筐和眼睛在一条直线上，笔直地将球投出，盯住篮筐，直到篮球落入篮筐。

篮球的运行轨迹呈抛物线

直线投篮

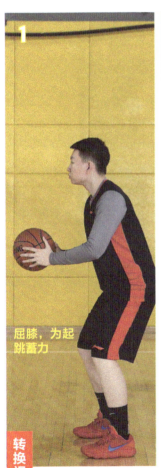

**1**

屈膝，为起跳蓄力

转换视角

**2**

非投篮手轻扶篮球，投篮时不要发力

**3**

投篮手掌心向下，手指指向篮筐

双腿用力向上跳起，保持身体平衡，尽量落回原地

投篮时，要保持一定的节奏。训练时，要训练上肢和下肢的协调性。向上跳起，在最高点出手，防止被防守球员盖帽。出手后的跟随动作要持续到双脚落地，直到篮球入篮筐。

# 双手投篮

双手同时发力投篮的方式，就叫双手投篮。

1

2

双手手指向外，手背相对

**动作要点** 双手持球，置于身前，屈膝，目视篮筐。球在身体正中间，双手用力程度相同。

双手向上举起篮球至手臂伸直，然后双手将篮球投出，保持跟随动作直到篮球入篮筐。

**要点提示**

起跳勾手投篮时，双脚同时起跳，起跳与落地时，身体的朝向不变，都是侧向面对篮筐，用远离篮筐的手投篮。投篮手、肩膀和篮筐要在一条直线上，这样可以提高投篮的命中率。

向上举起的投篮手，要贴近耳朵

转换视角

向上起跳和将球举过头顶是同时进行的，利用自己的身体优势，可以将防守球员与球隔开，在应对高大的防守球员时，这项技术十分有用。起跳时垂直向上跳，落地时落回原地。

# 4 跑动勾手投篮

在跑动当中配合篮筐反方向的假动作，用单腿起跳勾手投篮，也是应对高大的防守球员的利器。

**1**

**2**

目视篮筐

**3**

投篮手手臂伸直，贴近耳朵

起跳腿伸直，另一只腿向上抬起

**动作要点**

双手持球，跑动中跨出第1步。

继续向前顺势跨出第2步，目视篮筐。

将球高高举起，同时投篮手对侧腿单脚起跳，至最高点时，手指发力将球投出。

**要点提示**

贴近身体

将篮球高举时，尽量贴近身体，不要在身旁画弧形，那样极容易被防守球员从身后断球。球员需要将身体作为屏障，进行护球。篮球投出后要注视篮筐，不要放松，如果没投进，篮球从篮筐弹出，可以马上抢篮板球，这时防守球员不会连续起跳，可提高控球的概率。

手指发力，篮球后旋

空中身体有向篮筐方向转的趋势

**转换视角**

为了提高跑动勾手投篮的成功率，通常在距离篮筐很近的地方使用勾手投篮，在进行跑动勾手投篮的时候，会假意不看篮筐方向，造成防守球员的判断失误。在靠近篮筐时起跳，这时就要严密注视篮筐周围的情况了。

**三步上篮（高手）**

在突破切入篮下时，常用上篮这种投篮方式，而跑步上篮就是俗称的三步上篮。通常在最后几步加速，将冲力转化为向上的力，最后起跳投篮。

**1**

**2**

**3**

非投篮手抬起护球

**动作要点**

加速运球，执行上篮动作，快速跨出第1步。

持球于身前，继续向前顺势跨出第2步，目视篮筐。

单手将球高高举起，同时投篮手对侧脚起跳，至最高点时，手指发力将球投出。

**要点提示**

对侧脚起跳
用距离防守球员较远的手投篮，对侧的脚起跳，为了更好地将冲力转化为向上的力，最后一步的步伐要小一些。

高手上篮
投篮时，手持球的后底部。出手时，像把球往前推一样，使球后旋。

# 6 三步上篮（低手）

为了躲避防守，需要用到防守外侧的手上篮。练习时，要熟练掌握单脚起跳、左右手皆可流畅且准确上篮的技术。

非起跳腿膝关节向着篮筐上抬

**动作要点**

加速运球，执行上篮动作，快速跨出第1步。

持球于身前，继续向前顺势跨出第2步，目视篮筐。

单手将球高高托起，同时投篮手对侧脚起跳，至最高点时，手指发力将球投出。

**要点提示**

身前持球
持球跑动时，不要将篮球来回左右移动，防止防守球员断球。

低手上篮
出手时，手臂伸直，掌心向上托住篮球的底部，用手指拨动篮球，使其后旋。

# 7 抛投（高水平）

面对防守球员时，使用抛投投篮，可以躲避盖帽。但这项技术对球员的个人单手控球能力有很高的要求。

**动作要点**

**1**

面向篮筐，运球加速向前，跨出第1步。

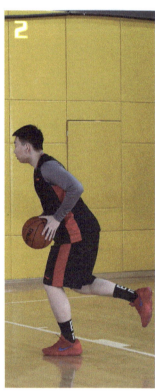

**2**

持球于身前，非投篮手护球，观察篮筐位置，顺势跨出第2步。

**3** 翻转手腕，出手点高

单脚发力向上跳起，在最高点时，掌心向前，手指发力拨动篮球，向前投出。

---

**要点提示**

**最高点出手**
起跳后，要保持身体平衡，在最高点时出手，篮球经过耳朵旁边，不要使篮球离身体太远。

**保持跟随动作**
投篮结束时的跟随动作，要保持到篮球入篮筐，同时视线也不要离开篮筐。如果没有投进，马上开始抢篮板球。

# 8 上反篮（高水平）

突破至篮下时，可以使用上反篮的投篮方式。绕到篮筐的另一侧，再起跳上篮，可避免因距离篮筐太近，而找不到好的上篮角度，也可躲避防守球员。

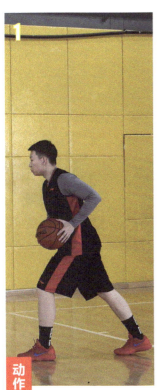

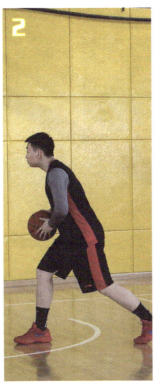

**用篮筐外侧手上篮**

**动作要点**

向篮下加速运球，一般防守球员会在身前防守。

大步向篮筐另一侧的边线前进，从篮筐前方穿过到另一侧。

双手持球起跳，滞空时，用篮筐外侧的手将球举起，到最高点时，出手投篮。

**要点提示**

对侧投篮

面对篮筐，从右侧启动，穿过篮筐中线，到左侧起跳，用篮筐外侧手也就是左手投篮。练习时，要左右两侧交替进行，提高左右手的投篮命中率。

投篮

启动

# 9 欧洲步上篮

欧洲步，据说最早是欧洲球员在球场上使用的步伐，由此得名。这是在面对防守球员时，为了迷惑对方所用的上篮步伐，身体的晃动较大，可使防守球员无法正确判断上篮的线路，由此获得上篮的空间。

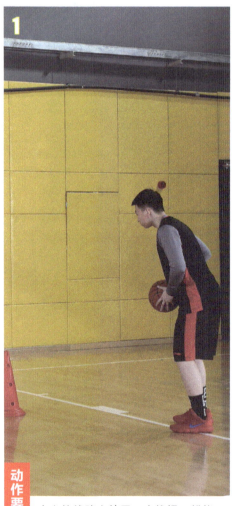

**1**

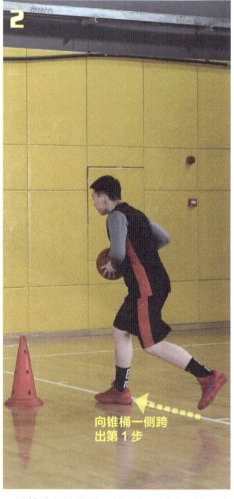

**2**

向锥桶一侧跨出第 1 步

**动作要点**

在上篮线路上放置一个锥桶，模拟防守球员，进攻球员正面面对防守球员，运球前进。

双手持球向着锥桶一侧跨出同侧脚，第 1 步的步伐可以小一些。在球场上，这样可以把防守球员吸引到一侧。

向锥桶另一侧
跨出第 2 步

接着上半身重心向另一侧转移，同侧脚跨出一大步，到锥桶的另一侧，保持身体的稳定。

以刚落地的脚为起跳脚，发力向上跳起，单手持球高举，到最高点时，手臂伸直将球投出。

**要点提示**

左右变向

面对站在进攻线路上的防守球员，灵活选择欧洲步变换方向。要注意的是，第 1 步是为了迷惑防守球员，同侧腿向同侧跨步，第 2 步的方向才是真正要上篮的方向，也是躲避防守球员的要点。练习时，注意身体重心在空中的转移，防止失球。

# 10 强攻上篮

上篮的投篮命中率高，容易得分，尤其在靠近篮筐的地方。虽然会被防守球员严密防守，但使用强攻上篮，增加了与防守球员的身体接触，容易造成防守球员犯规，从而增加得分的机会。

双手持球，双臂手肘抬起向外

**动作要点**

双手持球，置于头侧远离防守球员的地方，屈膝，用身体护球，隔开防守球员。

朝着防守球员跨一步

距防守球员近的脚，朝着防守球员跨一步，身体侧向面对防守球员，双手持球抓紧篮球，防止被断球。

116

> **要点提示**
>
> 双脚起跳
> 强攻上篮要双脚起跳，加强与防守球员的身体对抗，也比较容易使身体腾空时保持平衡，落地时不易失控。目视篮筐，如果没有投进，则再次起跳抢篮板球，落地后再次进行强攻上篮。

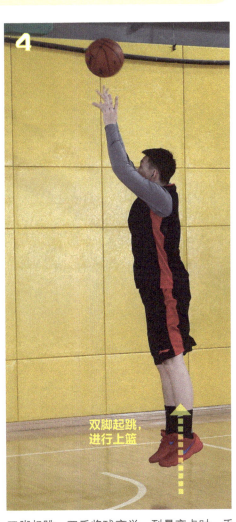

双脚起跳，进行上篮

紧接着另一步跟进，准备上篮。防守球员极易在此时犯规，继续完成后面的起跳、上篮动作，从而获得追加罚球的机会。

双脚起跳，双手将球高举，到最高点时，手臂伸直，将篮球投出。

 **规则解读** 防守球员对正在进行投篮动作的进攻球员犯规：若投篮命中，则在得分基础上追加 1 次罚球；若投篮未命中，则 2 分球投篮罚球 2 次，3 分球投篮罚球 3 次。

# 近距离投篮（跑投）

当防守球员在进攻线路上时，可以持球靠近篮筐并进行跳投，完成近距离投篮。

朝着防守球员跨出第 1 步

**动作要点**

向篮筐方向运球前进，同时观察防守球员的位置。

在靠近油漆区的地方，持球跨出第 1 步。（当有防守球员时，此时他可能已快速移动到篮下进行防守，因此，进攻球员应尽快摆脱防守上篮得分。）

**要点提示**

避免走步违例

持球跨出两步后立刻单脚起跳，进行跳投的动作。有时防守球员会按照上篮的节奏做提前防守，这时也可以跨出一步后，立刻进行起跳投篮。投篮时的上肢动作与跳投一样，非起跳脚的摆动增加了向上的势能，便于跳得更高，从而躲避防守球员。

第2步的步伐稍微小一些，为起跳蓄力

投篮手在后，非投篮手轻扶篮球一侧

用连贯的步伐跨出第2步，跨步的脚作为中枢脚，准备起跳，同时控制上半身的重心不要过度前倾。

用前面跨步的中枢脚起跳，另一侧脚随之摆动产生向上的势能。上肢的动作与跳投姿势相同。

**接球后投篮**

有空位投篮的机会时，要及时举手示意控球的队友，让队友看到并传球，这时接住队友的传球并进行快速流畅的起跳投篮十分重要。

## 前方传球接球后投篮

红衣球员空位，黑衣球员持球于身前。红衣球员示意自己空位，准备接球。

黑衣球员采用直线传球。红衣球员右手为投篮手，在前接球，非投篮手在旁辅助。

双手放松，投篮手掌心托住篮球的后部，非投篮手扶住篮球，马上进行投篮。

**要点提示**

接球后灵活调整后投篮

接球后，有两种选择：一是直接起跳投篮，强手是右手的球员，接球后用右手投篮，反之用左手投篮；二是接球时的姿势不是常用手势，可以后撤一步，稍做调整再进行投篮。无论选择哪种，都是为了成功投篮得分。

## 强手一侧接球投篮

红衣球员空位，右手为强手，黑衣球员持球于身体右侧。

黑衣球员采用直线传球。红衣球员双手放松，准备强手侧接球。

接球后，投篮手掌心托住篮球的后部。调整非投篮手的位置，使其扶住篮球，准备投篮。

红衣球员空位，右手为强手，黑衣球员持球于身体左侧。

黑衣球员采用直线传球。红衣球员双手放松，准备弱手侧接球。

非投篮手掌心朝向篮球接球，接球后投篮手顺势接住篮球的后部。调整非投篮手的位置，使其扶住篮球，准备投篮。

# 三分球投篮

三分球投篮很重要的一点是球员要熟悉三分线的距离，做到不低头就可以知道三分线的位置，从而连贯流畅地投篮。在没有防守球员的情况下，相比跳得高，控制身体平衡更加重要，这关乎投篮稳定性。

**动作要点**

进攻球员双手持球站在三分线外，可以通过屈膝获得更大的势能，为后面的投篮提供力量。

投篮时垂直跳起，落地时，回到原地，注意投篮节奏的连贯性。如果有防守球员，则要跳得高一些，腿部、背部和肩膀都要发力。

# 投篮练习 1：非投篮手握拳练习

非投篮手握拳投篮，是为了训练球员一只手投篮，防止非投篮手过多参与，干扰投篮。

**动作要点**

面向篮筐，准备投篮。球员的非投篮手握拳，扶住篮球一侧，投篮手手指张开，放在篮球底部。发力投篮，随后保持跟随姿势直到篮球入篮筐。

**转换视角**

投篮手的手臂弯曲，手肘向内。

**要点提示**

逐步增加难度

起始位置在距篮筐 0.5 米处，如果投篮没有命中则继续重复训练，如果投篮命中，可后退一步，继续重复训练，直到退到三分线处。

# 投篮练习 2：高处跳跃投篮

球场上有时会有球员在空中接球，落地后马上跳投的情况。高处跳跃投篮练习就是模拟这种情况。要注意的是，训练之前要进行充分的热身。

**动作要点**

双手持球站在稳固的跳凳上，向下跳，双脚落地，不要过度屈膝。训练时，跳凳的高度不必过高，防止跳下来时对膝关节产生太大的冲力导致受伤。

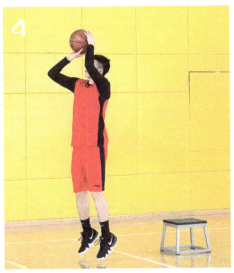

落地后要马上进行跳投，不要停顿，篮球入篮筐前，保持跟随姿势。

# 投篮练习 3：180 度转体投篮

球场上有时会有跳停接跳投，或者空中接球转身接跳投的情况。球员在训练时，可以先从 90 度转体开始，然后过渡到 180 度转体，最后可以进行 270 度转体的练习，所以控制好身体的平衡十分重要。

**动作要点** 双手持球背对篮筐站在罚球线上，双脚起跳空中转体 180 度，落地时面对篮筐。

迅速进行跳投，不要停顿，篮球入篮筐前，保持跟随姿势。开始训练时投篮命中率可能不高，但是多次练习后，逐渐能够掌握身体的平衡，转身落地后身体也不会失去重心，投篮命中率就会提高了。

# 投篮练习4：面对面投篮

通过面对面投篮练习，可以反复加强身体的肌肉记忆，投篮时使篮球直线运行。熟练记忆肩膀、手臂和手腕的动作，可使投篮动作更加流畅。

**动作要点**

两人一组，面对面站立，用一个篮球进行训练，站在与底线和罚球线平行的地方训练，参照直线，查看篮球的运行轨迹是否是直线。

出手的方向朝着队友，手部的姿势跟跳投时的姿势一致。队友接球后，用同样的方式投出篮球，反复训练。

**要点提示**

注意手腕和手臂的动作
上面的低手练习主要训练手腕和手臂的动作。如右图所示的高手练习则真正模拟了实际投篮姿势。

# 投篮练习5：投篮后跑向罚球线

在投篮练习中增加了跑步急停转向的练习，来回跑动，使后续投篮的难度增大，需要球员有很好的身体控制能力，因此要反复训练。

动作要点

双手持球，站在篮下。

双脚发力，进行投篮。

投篮后马上跑向罚球线，一只脚踩到罚球线上。

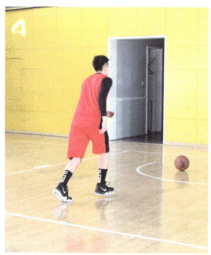
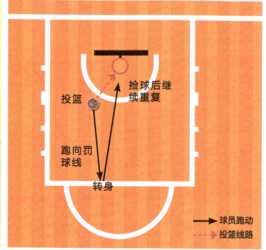

迅速转身，跑回篮下捡球，然后继续投篮，重复训练。

# 投篮练习6：搭档投篮

搭档投篮练习模拟了球场上球员在跑动时接球后迅速出手投篮的过程。同样，还可以转移到底角和翼侧进行训练，使球员在不同位置投篮都有稳定性。

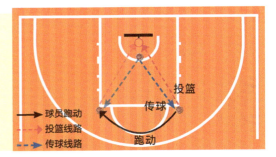

## 要点提示

连贯训练

两人一组进行 30 秒的连贯训练，然后两人的位置互换，继续训练。可以引入投篮命中得分，增加对抗趣味性，使训练不再枯燥。

两人一组，用一个篮球进行训练。一人在篮下背对篮筐传球，一人在肘区面向篮筐接球。

在肘区的球员接球后马上进行跳投，篮下球员转身面对篮筐，准备捡球。

在肘区的球员投篮后马上沿着罚球区弧顶，跑向另一侧肘区。准备接篮下队友的传球，继续训练。

# 投篮练习 7：60 秒投篮

60 秒计时，规定线路，运球跳投，训练了球员在时间的压力下投篮的稳定性，同时也训练了球员左右手运球的技术。

**动作要点**

在底线处准备，用油漆区外侧手——右手运球。

沿着油漆区边线、罚球区弧顶运球快速跑动。

到另一侧肘区进行跳投，然后快速跑向篮下捡球，捡到球后，换手运球，到篮筐另一侧继续训练。

**要点提示**

保持投篮的稳定性
在启动位置开始计时，计算 60 秒内投篮命中数。要保持油漆区外侧手运球跑动，运球加速后，要保持投篮的稳定性，平衡好速度和投篮稳定性，命中率才能提高。

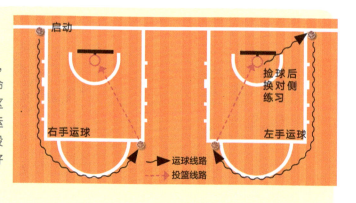

启动

捡球后换对侧练习

右手运球

左手运球

→ 运球线路
┅➤ 投篮线路

# 第 7 章
# 身体素质训练

良好的身体素质是运动表现优秀的前提，其不仅仅代表在球场上得分的能力，更重要的是拥有良好的身体素质能够降低受伤的风险。

**1**

双脚分开，与髋同宽，背部挺直，腹部收紧，双臂自然垂于身体两侧。

**2　3**

抬起左脚至大腿与地面平行，向前跨步呈弓步，收紧右侧臀部。

**4** ⏸ 1~2 秒　　**5** ⏸ 1~2 秒

俯身，双手撑地，放在左脚右侧并与左脚呈一条直线，撑地面，保持 1~2 秒。

左肘触碰左脚内侧，保持 1~2 秒。

**6** ⏸ 1~2 秒　　**7** ⏸ 1~2 秒

左臂外展，躯干左转，眼睛看向手指方向，两臂呈一直线并与地面垂直，保持 1~2 秒。

收回外展手臂，双手于左脚两侧撑地，伸直左腿，脚跟支撑，勾起脚尖，保持 1~2 秒。右腿向前跨一步，回到起始姿势。换对侧训练，交替完成规定次数。

# 左右弓步走

**1**

双脚分开，与髋同宽，背部挺直，腹部收紧，双臂自然垂于身体两侧。

**2**　**3**

抬起左脚向左侧跨一大步，向左下蹲至左侧大腿与地面平行，右腿伸直。

**4**

重心横向移动

臀部水平向右移动直至左腿伸直。

**5**

右腿蹬地回到起始姿势。继续训练，向右完成规定次数后返回。

**要点提示**

保持身体平衡，不要来回晃动。

**手足爬行**

**1**

双脚分开，略比肩宽，背部挺直，腹部收紧，双臂自然垂于身体两侧。

**2**

先屈髋后弯腰，双手撑地，双腿伸直。

**3**

双脚不动，双手交替向前

双手向前方爬行，同时保持双腿伸直。

**4**

双手爬至头的前方，直至即将无法支撑住身体。

**5**

双手不动，双脚交替向前

保持双腿伸直，双脚走向双手。

**6**

当感觉到大腿后侧牵拉时，双手继续向前爬行，完成规定次数或距离。

# 仰卧迷你带挺髋

**1**

仰卧于垫子上，双臂自然放于身体两侧，屈膝屈髋，勾脚尖，将迷你带置于膝关节上方。

**2** **Ⅱ** 1~2 秒

**臀部向下运动时，不要接触垫子**

**膝关节不要因迷你带拉力而内扣**

臀部收紧，向上挺髋至肩、髋和膝在一条直线上，并保持膝关节与脚尖朝向一致。保持 1~2 秒后，髋部下落至臀部稍离地面的位置。重复训练，完成规定次数。

# 迷你带侧向行走

**要点提示**

保持髋部稳定
行走时，髋部不要扭动，要与行进方向呈水平面。

**1**

基本准备姿势站立，双脚分开，略宽于肩，将迷你带置于脚踝上方。

**2**

**向左侧行进，先跨左脚，右脚小步靠近**

侧向走，与行进方向相同的脚先跨步，另一只脚跟进的步伐要小，保持迷你带始终有张力。完成规定步数或距离后反向重复训练。

# 纵向脚踝跳跃 + 跳跃单脚落地

**1**

双脚分开，与髋同宽，背部挺直，腹部收紧，双臂自然垂于身体两侧。

**2**

跳起后，脚尖向上勾

微屈膝，用脚踝的力量向上跳起，跳起后脚尖向上勾。

**3**

脚跟不落地

在前脚掌落地的瞬间，快速向上弹起，脚跟不落地，完成3次原地脚踝跳跃。

**4**

**5**

落地时，身体不要晃动

完成3次脚踝跳跃后，向前跳跃，呈单脚落地姿势，保持身体稳定。

**6**

回到起始姿势。交替完成规定次数。

## 增强式训练 》》 纵向跳箱

**1** **2** **3**

双脚分开，与肩同宽，背部挺直，腹部收紧，双臂自然垂于身体两侧，面对跳箱站立。

双臂伸直举过头顶，掌心相对，快速向下屈髋屈膝，同时双臂向下快速摆动至髋部两侧，而后快速向上摆起，准备跳上跳箱。

**4** **5** **6**

**空中身体舒展，不要蜷缩。**

双手快速向上摆起，以手臂带动身体快速伸髋伸膝，双脚蹬离地面，跳上跳箱。

跳上跳箱时屈髋屈膝，缓冲的同时双臂摆动至髋部两侧，双脚呈运动站姿。

然后站直，回到起始姿势。重复训练，完成规定次数。

# 栏架向前交换脚跳 + 药球绕过头顶

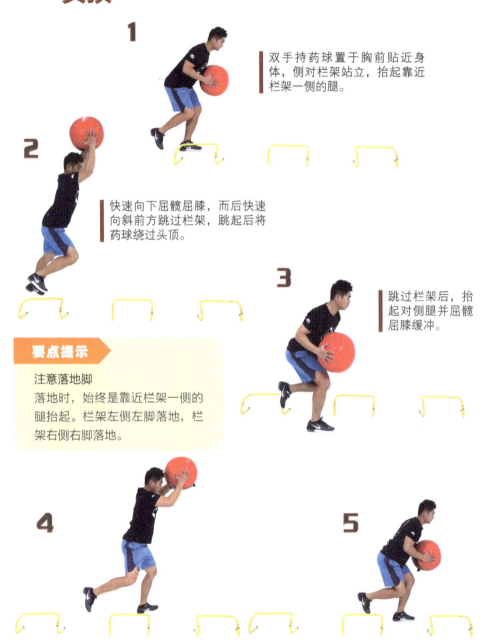

**1** 双手持药球置于胸前贴近身体，侧对栏架站立，抬起靠近栏架一侧的腿。

**2** 快速向下屈髋屈膝，而后快速向斜前方跳过栏架，跳起后将药球绕过头顶。

**3** 跳过栏架后，抬起对侧腿并屈髋屈膝缓冲。

**要点提示**

注意落地脚
落地时，始终是靠近栏架一侧的腿抬起。栏架左侧左脚落地，栏架右侧右脚落地。

**4**

**5**

随后换对侧腿重复训练。沿着摆好的栏架继续向前，交替完成，然后回到起始姿势。重复规定次数。

# 栏架多方向单脚跳

**1** 背部挺直，腹部收紧，双臂收于身体两侧，面对栏架屈膝呈单脚站立。

**2** 双臂上摆，掌心相对，以手臂带动身体快速伸髋伸膝，单脚蹬离地面，跳过栏架。

## 要点提示

注意跳跃方向

如下图所示，相邻两个栏架呈 90 度角摆放，使纵向跳和横向跳交替进行。完成规定次数的训练后，回到起始位置，换脚进行训练。

纵向跳　　　　　纵向跳

起始 - - - →

横向跳　　　　横向跳

纵向跳

**3** 1~2 秒

跳过栏架后，屈髋屈膝缓冲，同时双臂摆动至髋部两侧，保持身体稳定 1~2 秒。

**4**

然后横向或者纵向快速跳过下一个栏架，继续跳过规定个数的栏架。

# 栏架跳 + 侧滑步

**1**

双脚分开，略宽于肩，背部挺直，腹部收紧，双臂自然垂于身体两侧，面对栏架站立。

**2**

快速向下屈髋屈膝，同时双臂前摆后快速向下摆动至髋部两侧，而后快速向上摆起，以手臂带动身体快速伸髋伸膝，双脚蹬离地面，跳过栏架。

**3**

跳过栏架后，屈髋屈膝缓冲的同时双臂摆动至髋部两侧，双脚呈运动站姿。

**4**

而后快速向左做一次侧滑步，来到下一个栏架前。

**5**

**要点提示**

**交替做两练习**
如右图所示，相邻栏架横向间隔一跨步的距离，以便交替做跳跃和侧滑步。

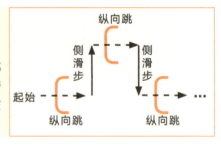

随后快速跳过下一个栏架，落地后向右做一次侧滑步。连续训练，完成规定次数。

# 跨步 + 跳上跳箱

**1**

呈基本准备姿势站立，双脚分开，略宽于肩，脚后跟稍微抬起，屈臂于身体两侧。

**2**

向斜前方做一次跨步。

### 要点提示

**逐渐加快速度**

"跨步 + 跳上跳箱"练习模拟了球场上交叉步后起跳接球的动作。逐渐加快速度，提高动作的完成质量，可以提高球员的运动素质。

**3**

快速向下屈髋屈膝，同时双臂向下快速摆动至髋部两侧，准备跳上跳箱。

**空中身体舒展，不要蜷缩**

**4**

双臂快速向上摆起，以手臂带动身体快速伸髋伸膝，双脚蹬离地面，跳上跳箱。

**5**

跳上跳箱时，屈髋屈膝缓冲的同时双臂摆动至髋部两侧，双脚呈运动站姿。

**6**

然后站直身体，回到起始姿势。重复训练，完成规定次数。

## 🔶⟫ 药球弓步姿势胸前推

**1**

**2**

**后腿用力蹬地向前跨步**

呈基本弓步姿势站立，双手持药球置于胸前贴近身体，面对墙站立。

后腿向前跨，同时双手用力将药球快速向墙面推出，感受力量从下往上传递至药球的感觉。交替训练，完成规定次数。

## 🔶⟫ 药球准备姿势胸前垂直旋转推

**1**

**要点提示** ⟩

快速蹬地转髋的训练，可以提高球员传球时的速度、力量和准确度。

呈基本准备姿势站立，双脚分开，略宽于肩，双手持药球置于胸前贴近身体，侧对墙站立。

**2**　　**3**

身体向右侧快速旋转，然后蹬地向左转髋带动躯干、肩部、手臂，把动力传递到药球上，尽可能用最大的力量将药球快速推向墙面，感受力量从下往上传递至药球的感觉。完成规定次数后换对侧重复训练。

## 速度灵敏训练 》》 弹力带加速跑

### 要点提示

**保持正确姿势**

注意始终保持标准的身体姿势，勾脚尖，前脚掌着地。落地时，要缩短脚与地面接触的时间。通过有力的摆臂和双腿蹬伸产生力，控制住腰部，保持躯干稳定。

**双臂充分摆动**

**弹力带在髋关节上方，身体正后方**

**用力蹬地向前跨步**

起跑姿势准备。前脚向右后下方有力地蹬伸并向前加速，另一脚抬离地面加速向前跨步。向前加速完成规定距离。

## 》 弹力带侧滑步

**1**

**弹力带在髋关节上方、身体右侧**

**2**

**双脚的距离不宜过近**

呈基本准备姿势站立，双脚距离宽于肩，双臂张开呈防守姿势于身体两侧。

右脚蹬地发力，推动身体向左侧移动，左脚贴地跨步，持续完成以上动作，缩短两次滑步间的反应时间。完成规定距离后换对侧重复训练。

# 后退跑呈运动员防守姿势

## 1

呈起跑准备姿势站立。

## 2

**后退跑时，双臂充分摆动**

双脚依次向前方蹬，前脚掌率先着地，身体适当前倾以防摔倒。

## 3

完成规定距离或听到教练指令后快速降低重心，双脚距离宽于肩，小步后退，双臂张开，呈防守姿势放于身体两侧。

## 4

保持防守姿势。重复前面的动作，完成规定次数训练。

# 向后 "Z" 字移动

**1**  呈基本准备姿势站立于起始标志盘右侧。

**2**

右脚和右髋向右后方转动45度。

**3**

随后做一次并步，移动至下一个标志盘。

**4**

右脚做中轴脚，左脚向左后方移动，身体旋转45度。

**5**

按标志盘依次进行重复训练。换至另一侧重复训练，完成规定次数。

**要点提示**

练习设置
两个标志盘呈45度摆放，间距约2米。

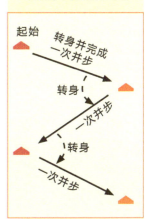

起始　转身并完成一次并步　转身　一次并步　转身　一次并步

# 栏架左右高抬腿 + 侧滑步

 双脚分开，与髋同宽，背部挺直，腹部收紧，双臂自然垂于身体两侧，站在栏架右侧。

 向左侧做高抬腿运动，先抬左脚跨过栏架，落地后高抬右脚。

 原地做一次高抬腿，右脚落地后再用左脚跨过栏架。用相同的步伐，依次跨过剩余的栏架。

 通过所有栏架后快速呈准备姿势，调整步伐。左脚向左跨步，双脚落地，且双脚之间的距离比肩宽，展开手臂，呈防守姿势。

## 要点提示

**高抬腿跨过栏架**

"栏架左右高抬腿 + 侧滑步"练习需要快速用高抬腿跨过栏架，将腿抬高至大腿与地面平行，小腿垂直地面，勾脚尖，不要为了跨过栏架而向后收小腿。这个练习模拟了球场上球员快速奔跑后，进入防守姿势的场景，对训练球员的灵活度和速度都有很大的帮助。

**5** 左脚再向左跨出一步，双臂保持展开。

**6** 右脚向左并步，双脚距离保持比肩略宽。完成规定距离后，换对侧完成训练。

146

## 力量训练 》》 哑铃侧蹲

**1** 双脚分开，与肩同宽

**2** 另一侧腿伸直　保持脚尖向前

**3** 下蹲至大腿几乎与地面平行

双手托住哑铃置于胸前，哑铃的上端触碰胸骨和锁骨，下端则与下胸骨或剑突接触。

任意一侧腿向同侧跨出一步，屈髋屈膝向同侧下蹲，保持重心在脚后跟，膝关节与脚尖在一条直线上，保持脊柱中立位。

随后快速起身回到起始姿势。交替训练，完成规定次数。

## 》》 哑铃提踵

**1** 双手持一对哑铃，双脚分开，与髋同宽，保持背部挺直，肩胛骨后缩，前脚掌站于台阶边缘，缓慢下降脚后跟至最大限度。

**2** 随后快速向上抬高脚后跟至最高点，停顿片刻，缓慢下降脚后跟至最大程度。重复训练，完成规定次数。

## ▶▶ 保加利亚蹲

**1**

后脚脚背向下，不要用脚尖支撑

**2**

**3**

| 双手持哑铃，一侧腿放在训练凳或专门设计的圆台上，脚背朝下，重心在前腿。 | 向下蹲至后腿膝关节轻触地面，保持后腿膝、髋、肩在一条直线上，重心在前脚脚后跟。 | 前腿髋部、大腿发力站直，回到起始姿势。完成规定次数后换另一侧完成训练。 |

## ▶▶ 哑铃硬拉

**1**

上半身前倾至大腿后侧有牵拉感

**2**

挺胸直背，肩胛骨内收，腹部收紧

**3**

| 双手持一对哑铃，双脚分开，与肩同宽，保持背部挺直，肩胛骨后缩，微屈膝，向后屈髋。 | 随后伸髋提拉哑铃，直立身体至站立，动作过程中保持哑铃贴近腿部。 | 恢复到起始姿势。重复训练，完成规定次数。 |

# 俯卧撑

**1** 呈俯撑姿势，双手间距略宽于肩，保持背部挺直，收紧腹部和臀部。

**手指向前，双手位于肩部下方**

**2** 有控制地下降身体至胸部触碰地面后快速利用手将身体推起。

**3** 手掌用力推地面，保持呈一个整体的姿势推起身体，回到起始姿势。完成规定次数训练。

# 哑铃跪姿肩上交替推举

**手臂与地面垂直**

> **要点提示**
>
> 保持臀部和腹部收紧
> 全程收紧臀部和腹部。

**1**

**2**

**3**

双手各持一个哑铃，单腿跪于软榻上，屈肘将哑铃置于肩部高度并靠近身体，掌心朝向自己。

将一侧哑铃举过头顶并伸直手臂，动作过程中将掌心转向外侧，停顿片刻后有控制地返回起始姿势。

接着换对侧完成动作。交替训练，完成规定次数。

# 哑铃俯身交替划船

**1** 保持背部挺直

**2** 运动中，躯干和膝关节保持不动

**3** 接着换对侧完成动作。交替训练，完成规定次数。

双脚分开，与肩同宽，双手各持一个哑铃，屈髋屈膝将哑铃降低至膝关节高度，头部保持中立位。

先收一侧肩胛骨再屈肘将哑铃沿着大腿提拉至下腹部，停顿片刻后有控制地降低哑铃返回起始姿势，另一侧手臂保持不动。

# 哑铃半蹲推举

**1**

**2**

**3**

双手各持一个哑铃置于胸前靠近身体，双脚分开，与肩同宽。

向下做半蹲姿势，随后快速起身，并快速将哑铃举过头顶。

随后屈髋屈膝以缓冲哑铃对肩部的冲力，将哑铃有控制地下放至起始姿势。重复训练，完成规定次数。

# 双手壶铃甩摆

**1**

将壶铃放在身前合适位置，双脚距离比肩宽。

**2**

**背部保持挺直**

屈髋屈膝，双手抓住壶铃，保持背部挺直，头部保持中立位。

**3**

向后拉动壶铃，让其随着惯性向后摆动至手腕与大腿内侧触碰。

**4**

**所有动作由髋部发力，而不是使用手臂力量**

向前推动髋部，使壶铃沿弧线前移，伸展手臂，直到壶铃到达胸部高度。

**5**

壶铃到达胸前的最佳高度后，屈髋，缓慢下蹲，让壶铃沿运动弧线下降至两腿间，直至身后。将壶铃放回原位，起身回到起始姿势。重复训练，完成规定次数。

# 弹力带跪姿下砍

**1** 将弹力带固定至眼睛高度，外侧手抓住把手置于胸前，内侧手伸直抓住弹力带，内侧腿在前，呈单腿跪姿，收紧腿部、臀部及腹部。

**2** 将弹力带沿对角线方向下拉，内侧手臂弯曲在胸前，外侧手臂向斜下方伸直。

**3** 继续朝外侧下推，将内侧手臂伸直，两手间的弹力带保持紧绷。

**4**

**5** 反向动作，依次弯曲内侧手臂和外侧手臂，回到起始姿势。连续重复训练，至规定次数，换另一侧继续训练。

**要点提示**

有控制地进行运动过程中，有控制地拉伸弹力带，速度不要过快。恢复时不要利用弹力带的拉力惯性。

# 弹力带跪姿上举

**1**

将弹力带固定在低位，外侧手抓住把手置于胸前，内侧手伸直抓住弹力带，外侧腿在前，呈单腿跪姿，收紧腿、臀部及腹部。

**2**

将弹力带沿对角线方向上拉，内侧手臂弯曲在胸前，外侧手臂向斜上方伸直。

**3**

继续朝外侧上推，将内侧手臂伸直，两手间的弹力带保持紧绷。

**4**　　　**5**

反向动作，依次弯曲内侧手臂和外侧手臂，回到起始姿势。连续重复训练，至规定次数，换另一侧继续训练。

**要点提示**

有控制地进行运动过程中，有控制地拉伸弹力带，速度不要过快。恢复时不要利用弹力带的拉力惯性。

# 弹力带站姿水平推

**1**

双脚分开，与肩同宽，微屈膝，躯干挺直，双手握住弹力带置于身前。

**2**

全程保持身体稳定，躯干挺直

弹力带保持水平，不要上下移动

上肢发力，双臂向前推出弹力带，速度不要太快，感受上肢肌肉发力。

**3**

停顿片刻，随后返回起始姿势。完成规定次数。

# 作者简介

### 高山（Shaan Price）

作为教练指导各个年龄段学员训练超过 16 年。万体体育创始人；中国篮球协会 E 级青少年篮球教练员培训讲师；美国篮球协会金牌认证教练；全美国高中运动联盟认证教练；2015—2019 年担任 NBA 姚明篮球俱乐部的技术总监；担任过众多国际顶级精英训练营主教练一职 （2019 耐克高中训练营北京站，2018 麦克格雷迪篮球训练营，2012 NBA Cares 训练营南京站，2008—2010 耐克全亚洲篮球训练营）。

### JUZPLAY® 运动表现训练

JUZPLAY® 运动表现训练是一家以运动表现训练为主的教育培训机构和大型训练中心，是运动表现领域专业的综合性领导机构。它将趣味元素与运动 训练相结合，采用与世界顶尖运动员相同的训练方法，根据个人需求的不同，制订出各有侧重、行之有效的特色化训练方案，协助训练者提升运动表现。此外，JUZPLAY® 运动表现训练是美国国家运动医学学会（NASM）官方授权的教育培训机构，2014 年首度将 NASM 认证课程引进国内，目前开展了 NASM-CPT 认证私人教练课程、NASM-CES 纠正训练专项认证课程和 NASM-PES 运动表现提升专项认证课程。

# 模特简介

### 占洋

毕业于华东师范大学；JUZPLAY® 运动表现训练全国总监；获得美国国家体能协会体能训练专家（NSCA-CSCS）、美国国家运动医学学会纠正训练专家（NASM-CES）、青少年运动表现专家（MJP-CNDS）等证书；现任国家冰壶队体能教练；曾任海军游泳队备战 2017 年全运会运动表现教练、2018 年 U19 国家男子足球队助理体能教练。

### 戴瑞康

北京石油化工学院校队队员；JORDAN 夏季联赛优秀球员；NIKE 北京 99 球衣争霸赛 91 号球衣拥有者；首都高校大学生 star 杯篮球联赛（学院组）第一名；北京市大学生篮球二级联赛第二名；北京市高校城市传奇四强；曾获北京石油化工学院篮球运动奖学金。

### 王胤明

目前就读于提赛德大学，曾参加中国 3 对 3 篮球联赛、NIKE 高中篮球联赛以及中国大学生篮球联赛 (CUBA)。